Konzept und Beratung der Reihe Beltz Weiterbildung:

Prof. Dr. *Karlheinz A. Geißler*, Schlechinger Weg 13, D-81669 München.
Prof. Dr. *Bernd Weidenmann*, Weidmoosweg 5, D-83626 Valley.

Carole Maleh

Open Space: Effektiv arbeiten mit großen Gruppen

Ein Handbuch für Anwender, Entscheider und Berater

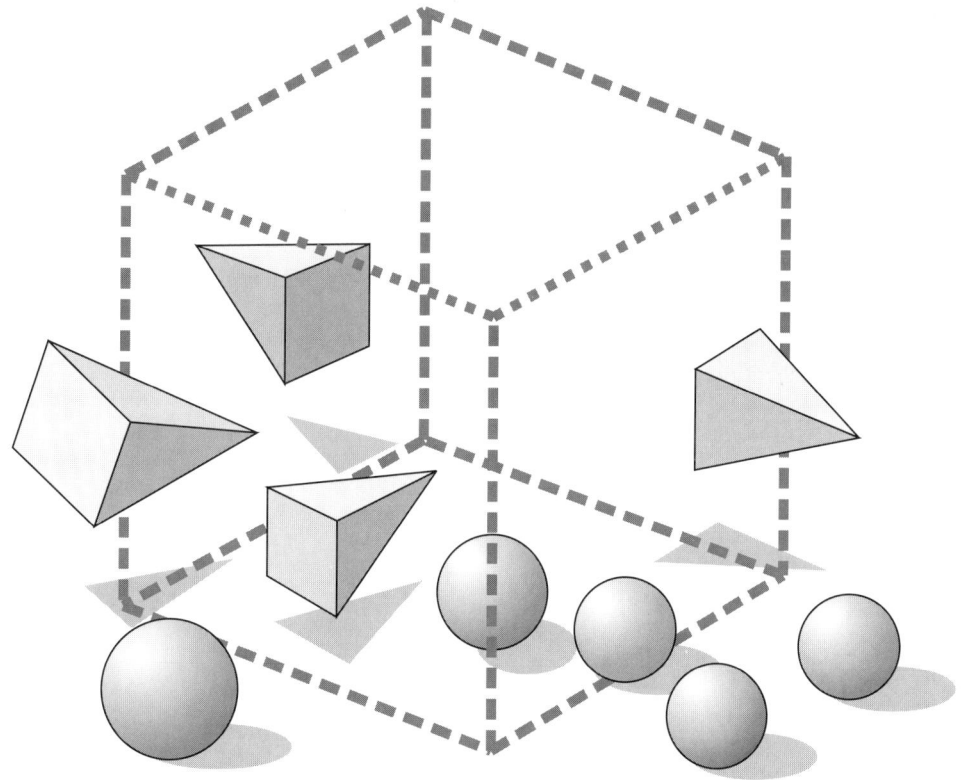

Beltz Verlag · Weinheim und Basel

Carole Maleh, Jg. 1967, Industriekauffrau und Wirtschaftswissenschaftlerin, ist seit 1997 selbstständig mit der Firma CAMA Institut für Kommunikationsentwicklung. Die Organisationsentwicklerin hat sich auf Großgruppenverfahren spezialisiert: Open Space, Zukunftskonferenz und Real Time Strategic Change.

Bei Fragen und Rückmeldungen ist die Autorin unter folgender Adresse zu erreichen:

CAMA Institut für Kommunikationsentwicklung
Dipl.-Kff. Carole Maleh
Brehmstraße 38
30173 Hannover
Tel. 0511/283 20 55 – Fax 0511/85 59 58

Die Bilder sind von Carole Maleh und Gábor Rossmann und die Zeichnungen von Ulrike Rath.

Besuchen Sie uns im Internet:
http://www.beltz.de

Gesetzt nach den neuen Rechtschreibregeln

Lektorat: Ingeborg Sachsenmeier

© 2000 Beltz Verlag · Weinheim und Basel
Herstellung: Ute Jöst, Publikations-Service, Birkenau
Satz: Satz- und Reprotechnik GmbH, Hemsbach
Druck: Druckhaus Beltz, Hemsbach
Umschlaggestaltung und Grafik auf Seite 3: Bernhard Zerwann, Bad Dürkheim

ISBN 3-407-36363-X

Inhaltsverzeichnis

Vorwort

Bei meinem ersten Kontakt mit der Open Space-Methode, damals noch als wissenschaftliche Beobachterin, faszinierte es mich zu sehen, wie die Teilnehmenden fieberhaft an der Fragestellung der Veranstaltung arbeiteten. Wie sie eifrig daran tätig waren, ihre Situation aus eigener Kompetenz heraus zu verändern. Ich war begeistert von der lebendigen Stimmung und der Arbeitsintensität der Teilnehmenden. Damals nahm ich mir vor, auch eines Tages Open Space-Moderatorin zu sein und den Teilnehmenden den Rahmen für effektives Arbeiten und Voneinander-Lernen zu ermöglichen. Meine Vorstellung war, Open Space mit sogar mehreren Hundert Menschen durchzuführen.

Seitdem ich selber Open Space-Veranstaltungen durchführe, habe ich immer wieder daran gedacht, alles, was ich über die Methode weiß und mir in meiner Praxis angeeignet habe, niederzuschreiben, so niederzuschreiben, dass auch andere diese Methode durchführen können. Vom Aufwand des Buchschreibens abgeschreckt, hatte ich diesen Gedanken beiseite gelegt. Dann erhielt ich immer öfter Anfragen zu Open Space-Seminaren. Das gab mir den Anschub, das Buchprojekt jetzt zu realisieren.

Dieses Buch ist für alle diejenigen gedacht, die an Veränderungsprozessen interessiert sind und danach streben, diesen Weg mit vielen, wenn nicht sogar mit allen Betroffenen zu gehen. Denn in Zeiten schnellen Wandels wird es immer wichtiger, sofort auf Veränderungen reagieren zu können. Die Nachfrage nach Methoden, die viele Betroffene in Veränderungsprozesse integrieren, steigt. Denn nur eine Entwicklung, an der viele Betroffene gleichzeitig beteiligt sind, ermöglicht eine schnelle Anpassung an die sich ständig ändernden Anforderungen.

Es handelt sich bei diesem Werk um einen Praxisleitfaden, der Ihnen, liebe Leserin und lieber Leser, die Open Space-Methode und ihre Anwendung nahe bringen soll. Es ist so konzipiert, dass Sie im ersten und zweiten Kapitel Grundkenntnisse über Open Space erhalten. Diese werden im dritten und vierten Kapitel vertieft. Sie erhalten damit das notwendige Handwerkszeug, um Open Space-Veranstaltungen selbst durchführen zu können.

Im fünften Kapitel werden Sie über die Nachbereitung einer Open Space-Veranstaltung informiert. Die Ergebnisse einer Umfrage zur Open Space-Praxis soll Ihnen einen Überblick über den Einsatz der Methode im deutschsprachigen Raum geben. Schließlich finden Sie eine Liste der mir häufig gestellten Fragen und ihre Beantwortung. Wenn Sie am Ende des Buches noch Fragen haben, schauen Sie einfach in den Anhang. Ganz bestimmt finden Sie Ihre Frage und eine Antwort dazu.

Die Leserinnen unter Ihnen bitte ich um Nachsicht, wenn Sie nicht immer die weibliche Form der Anrede wieder finden. Ich habe mich zugunsten des flüssigeren Lesens oftmals auf die männliche Form beschränkt.

Ich danke Frau Ingeborg Sachsenmeier vom Beltz Verlag für die Betreuung dieses Buches. Den Open Space-Moderatorinnen und Moderatoren, die sich an der Umfrage zur Open Space-Praxis beteiligt haben, möchte ich danken. Ich danke meinen Freunden und meiner Familie, dass sie mich auf meinem Weg immer unterstützt haben und allen, die mich bei der Arbeit an dem Buch inspiriert haben. Ein herzlicher Dank geht an Markus Birzer, der mich bei der Erstellung des Buches unterstützt hat. Vielen lieben Dank an meinen Lebensgefährten Oliver Kuklinski für seine Unterstützung, seine Geduld und seine Liebe.

Ihnen, liebe Leserinnen und Leser, wünsche ich viel Spaß beim Lesen und beim Erleben von Open Space in der Praxis.

1 Open Space – Was steckt dahinter?

1.1 Open Space – Die Konferenzmethode besonderer Art

Die Bezeichnung Open Space (offener Raum, Freiraum) lässt unterschiedliche Assoziationen zu, die nicht selten bis ins Weltall führen. Manchmal verzieht der eine oder die andere sogar das Gesicht bei dieser Bezeichnung – mit der Begründung »Schon wieder etwas Neues aus den USA«.

Open Space ist eine Konferenzmethode der besonderen Art. Sie ist alles andere als eine Einbahnstraßen-Konferenz. Es gibt kein geplantes Veranstaltungsprogramm und keine Person, die die Konferenz moderiert oder Vorträge hält. Welche Veranstaltungsinhalte bearbeitet werden und welchen Ablauf die Veranstaltung nehmen wird, entscheiden die Teilnehmenden vor Ort. Nur das Leitthema ist vorgegeben.

Open Space ist ein Instrument zur Einleitung und Bewältigung von Veränderungen

Die ersten Open Space-Veranstaltungen fanden in Deutschland 1996 statt. Zunächst waren es nur wenige Großunternehmen, die dieses innovative Verfahren aus den USA einsetzten. Heute bedienen sich immer mehr Unternehmen, Institutionen, Kommunen und Organisationen dieses Verfahrens, wenn es darum geht, schnelle und kreative Ansätze für Veränderungsprozesse zu finden. Denn Open Space ist ein Instrument zur Einleitung und Bewältigung von Veränderungen. Gleichzeitig soll die Identifikation aller Beteiligten mit der Organisation verbessert werden. Open Space bietet dafür die methodischen Voraussetzungen, ohne dass eine Lösungsstrategie im Vorfeld definiert wird.

Was passiert beim Open Space? – Ein typischer Ablauf

Open Space ermöglicht hierarchieübergreifendes Arbeiten

Drei Tage im März 1999. Ungefähr 300 Personen werden erwartet. Führungskräfte verschiedener Hierarchieebenen wurden eingeladen: Meister, Schichtleiter, Gruppenleiter, Abteilungsleiter und Hauptabteilungsleiter. Mitarbeiter verschiedener Funktionen aus den Abteilungen Einkauf, Buchhaltung, Controlling, Versand und Rechtswesen sind ebenfalls gekommen. Sogar Repräsentanten einiger Lieferanten und Kunden sind der Einladung zu dieser Veranstaltung gefolgt. Sie alle sind zusammengekommen, um in diesen drei Tagen zum Thema »*Die Zukunft unseres Unternehmens*« etwas beizutragen. Denn das einladende Unternehmen hat stark unter dem zunehmenden Konkurrenzkampf der letzten Jahre gelitten.

Die Teilnehmer werden vom Geschäftsführer des Unternehmens und der Moderatorin persönlich begrüßt. Die Gestaltung des Veranstaltungsraumes erscheint einigen merkwürdig – ungewohnt ist das Plenum, der Stuhlkreis in der Mitte des Raumes wirkt viel zu groß für den Teilnehmerkreis. Unsicher schauen die Ankommenden umher. An den Wänden hängen eine leere Zeit- und Raumtafel, eine Nachrichtenwand und viele Plakate.

Die Zeit- und Raumtafel bildet das Veranstaltungsprogramm

Langsam nehmen alle im Stuhlkreis Platz und nach wenigen Minuten beginnt die Veranstaltung. Der Geschäftsführer erläutert kurz den Anlass: Das Unternehmen verliert Marktanteile und die Umsatzzahlen sinken. Es muss etwas getan werden, um diese Entwicklung aufzuhalten, und zwar schnell. Deswegen hat er dieses Zusammenkommen veranlasst. Ihm schwebt vor, dass alle gemeinsam an einem Strang ziehen.

Alle ziehen an einem Strang

Das war das Stichwort für die Moderatorin. Sie betritt das Kreisinnere und erklärt, was Open Space ist und dass die bis jetzt noch leere Zeit- und Raumtafel von den Teilnehmenden selbst mit Themen gefüllt werden wird. Die Zeit- und Raumtafel bildet sozusagen das »Skelett« des Veranstaltungsprogramms, welches sich aus den Themen der Teilnehmenden entwickelt. Nur die Teilnehmer bestimmen, wie die Veranstaltung abläuft.

Jeder kann Referent und Zuhörer sein

Open Space – so heißt es – ermöglicht, dass jeder Teilnehmer, ob Vorgesetzter oder Mitarbeiter, mal Referent, mal Zuhörer ist. Alle Anwesenden sind kompetent, wird weiter betont. Sie alle sind die Experten für diese Situation. Bald werden Sie die Möglichkeit haben, die für sie wichtigen Themen in Bezug auf das Leitthema an die Zeit- und Raumtafel zu bringen und somit den anderen Teilnehmern zur Diskussion vorzuschlagen. Gearbeitet wird in kleinen Gruppen.

Die Moderatorin verlässt das Kreisinnere und überlässt ihn den Teilnehmenden. Nun kann jeder sein Thema vorstellen, das ihm oder ihr auf den Nägeln brennt und zu dem er oder sie mit anderen arbeiten möchte. Es sollen nur Themen benannt werden, für die die Teilnehmer Verantwortung übernehmen möchten.

Die Teilnehmer entwickeln die Tagesordnung

Der erste Teilnehmer geht in die Mitte und nimmt sich eines der dort liegenden leeren DIN-A3-Blätter. Er schreibt seinen Namen sowie sein Thema darauf und stellt sich und das Thema den anderen kurz vor, »mein Name ist…, mein Thema ist…«. Auf der Zeit- und Raumtafel wählt er daraufhin eine Zeit und einen Raum und hängt sein Blatt in das entsprechende Feld. Sein Workshop beginnt um 9:00 Uhr und findet im Raum A statt. Die Zweite geht in die Mitte, der Dritte und viele mehr. Schnell ist die Zeit- und Raumtafel mit Workshop-Themen gefüllt. Die Tagesordnung für zwei Tage ist gebildet!

Nur die wirklich wichtigen Themen werden benannt

Teilnehmende, die ein oder mehrere Themen vorschlagen, werden Workshop-Einberufer oder nur Einberufer genannt.

Es wird unruhig im Raum. Viele schauen auf die Wand mit den zahlreichen Themen. Diese repräsentiert, was den Anwesenden in Bezug auf die Problematik wichtig ist. Einige Teilnehmer besprechen bereits, in welche Gruppen sie gehen wollen.

Wieder betritt die Moderatorin das Kreisinnere. Sie beendet die Themensammlung mit dem Hinweis, dass jederzeit neue Themen hinzugefügt werden können, und verkündet, dass sich nun alle Teilnehmer nach ihrem Interesse für die Themen in die jeweiligen Workshops eintragen können. Der Stuhlkreis löst sich auf. Alle steuern die Zeit- und Raumtafel an und schreiben sich in die sie interessierenden Arbeitsgruppen ein. Ist das getan, brechen die Teilnehmer auf, um in die jeweiligen Gruppen zu gelangen. Mal finden vier

Workshops parallel, mal zehn statt. Manchmal befinden sich fünf Personen in einem Workshop, mal 25. Ab jetzt arbeiten die Teilnehmenden eigenständig.

Diese Phase der parallel laufenden Workshops ist überaus lebendig. Die Zeit- und Raumtafel verändert sich immer wieder. Workshops werden verschoben, zusammengelegt, fallen aus und neue werden benannt. Arbeitsanweisungen gibt es nicht, weder von der Moderatorin noch von der Firmenleitung. Die Teilnehmer handeln nach ihrer Vorstellung und machen Pausen, wenn sie genug gearbeitet haben. Sie sind auf sich gestellt und genießen das.

Die Veranstaltung verläuft sehr lebendig

Zwei Tage arbeiten die Mitarbeiter des Unternehmens in wechselnden Gruppen zu verschiedenen Themen und mit immer wieder anderen Menschen. Kontakte entstehen, die vorher kaum denkbar waren. Die Menschen kommen aus unterschiedlichen Bereichen und haben andere Denkansätze. Aber gerade das führt zu einem Bündel von neuen Ideen, kreativen Ansätzen und innovativen strategischen Vorschlägen. Die Anwesenden beginnen, die bestehende Situation zu verändern. Sie tun es gemeinsam. Ein Gemeinschaftsgefühl entsteht.

Es kann beobachtet werden, dass aufgrund der entstehenden Selbstorganisation und Selbstbestimmung ein hochproduktiver Prozess in den Diskussionsgruppen stattfindet. Die Menschen werden während der Veranstaltung von der Firmenleitung ernst genommen und nehmen dies wahr. Sie erkennen, dass es wirklich auf sie und auf ihre Arbeit ankommt. Sie selbst ermöglichen die Veränderung der Situation.

Die Teilnehmer spüren, dass sie ernst genommen werden

Das hebt ihr Selbstwertgefühl. Jeder fühlt und zeigt sich verantwortlich für sein Thema und für das, was auf der Veranstaltung geschieht. Sie fühlen sich nicht nur verantwortlich, sondern identifizieren sich auch mit ihren Ergebnissen, sowie auch mit dem Unternehmen. Mancher identifiziert sich sogar das erste Mal mit dem Unternehmen. Die Verantwortung und Identifikation führen zur Akzeptanz der Ergebnisse bei den Mitarbeitern. Dass damit die Ergebnisse schließlich von den Mitarbeitern umgesetzt werden, ist nur eine natürliche Schlussfolgerung.

Am dritten Tag werden die Gruppenergebnisse zusammengeführt. Aber nicht so, wie man es üblicherweise kennt. Das heißt, die Ergebnisse werden nicht präsentiert, sondern jeder Workshop wird von den Teilnehmenden selbst dokumentiert. Das geschieht bereits in den Workshops. Die einzelnen Protokolle der Gruppen werden zu einem Dokumentationsband zusammengetragen und den Teilnehmenden am Morgen des dritten Tages zur Verfügung gestellt.

Gruppenergebnisse werden zusammengeführt

Es wird gelesen und später nach Aufforderung der Moderatorin gewichtet. Die wichtigsten Berichte erhalten Punkte. Das macht deutlich, welche Berichte bzw. Ergebnisse den Personen bezüglich der Umsetzung am bedeutendsten sind. Die Ergebnisse mit den meisten Punkten sollen bevorzugt umgesetzt werden.

Umsetzungsgruppen transportieren die Ergebnisse in die Organisation

Am letzten Tag der Konferenz geht es auch darum, Umsetzungsgruppen zu bilden. Der Weg, die Ergebnisse im Unternehmen umzusetzen, wird an diesem Tag geebnet. Jeder Interessierte kann sich themenbezogenen Umsetzungsgruppen zuordnen. Erste Maßnahmen und Schritte werden noch auf der Veranstaltung von den Teilnehmenden festgelegt.

Die Mitarbeiter verlassen die Veranstaltung mit einem Sack voller Ideen und Maßnahmen, vielen neu geknüpften oder intensivierten Kontakten und mit sprühender Energie und Motivation, im Unternehmen Berge zu versetzen.

1.2 Zur Geschichte von Open Space

Im Jahr 1983 organisierte *Harrison Owen*, Entwickler der Open Space-Metho-de, eine Konferenz mit 250 Teilnehmern. Für die Vorbereitung benötigten er und seine Mitarbeiter ein Jahr. Die Konferenz war ein großer Erfolg. Bemer-kenswert war jedoch das Ergebnis einer anschließenden Analyse: *Die Pausen waren für die Teilnehmer das Wichtigste.*

Harrison Owen stellte sich daraufhin die Frage, wie er die Synergieeffekte und Dynamik, die eine Kaffeepause prägen, mit effektiver Arbeit und guten Ergebnissen, wie sie für eine gelungene Konferenz bezeichnend sind, verbin-den kann. Mit anderen Worten, wie kann die Dynamik einer ungezwungenen und nicht organisierten Kaffeepause auf die gesamte Konferenz übertragen werden? Um diese Frage erfolgreich zu beantworten, musste er die Grundla-gen von Zusammenkünften studieren und sie zu einer Methode verdichten, die so einfach und elementar ist, dass sie nie fehlschlagen könnte.

Grundelemente der Dynamik

Harrison Owen legte seiner Methode die folgenden vier Grundelemente der Dynamik zugrunde:

- ❖ Kreis,
- ❖ Atem,
- ❖ Anschlagbrett und
- ❖ Marktplatz.

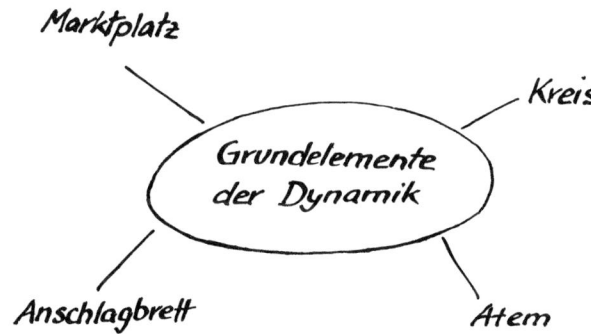

Ein Element menschlicher Zusammenkünfte ist der *Kreis*, in dem Personen miteinander kommunizieren. Im Kreis sind alle gleichberechtigt und können einander wahrnehmen. Darüber hinaus unterstützt ein Kreis die Gemeinschaftsbildung. Im Gegensatz hierzu steht zum Beispiel die geometrische Form einer Linie, in der Menschen auf eine vor sich, häufig noch bewusst auf einem extra erhöhten Podest stehende Autorität schauen.

Das zweite Element ist der *Atem*. Ein wechselnder Atem, hervorgerufen durch die von Teilnehmern angeführten Anreize, wie zum Beispiel die angebotenen Workshops, Gespräche, Vorstellungen oder Impulse. Das Einatmen kann auch als das Zusammenkommen der gesamten Gruppe im Kreis gesehen werden, das Ausatmen als das Auflösen des Kreises in kleine Workshops.

Zum Kreis und Atem kommen noch zwei weitere Elemente hinzu: das *Anschlagbrett* und der *Marktplatz*. Das Anschlagbrett besteht aus der Zeit- und Raumtafel für die Workshop-Themen sowie der Nachrichtenwand für die Protokolle. Der Marktplatz ist der Rahmen, in dem sich die Teilnehmer über ihre Interessen austauschen können, wie beispielsweise die Räumlichkeiten.

Produktive Zusammenkünfte

Sind die vier Elemente *Kreis, Atem, Anschlagbrett und Marktplatz* vorhanden, entsteht ein Open Space (offener Raum) für produktive Zusammenkünfte.

Nach zwei Jahren Entwicklung gestaltete *Harrison Owen* 1985 die erste Konferenz mit der Open Space-Methode. Seitdem wird Open Space weltweit als Großgruppeninterventionsmethode eingesetzt. In dieser Bezeichnung sind zwei wichtige Aspekte enthalten: Erstens handelt es sich um eine Methode, die es ermöglicht mit einer großen Gruppe zu arbeiten. Zweitens wird in großer Gruppe in die zu verändernde Situation eingegriffen.

1.3 Was ist so anders und erfolgreich an Open Space?

Open Space unterscheidet sich ganz offensichtlich vom traditionellen Konferenzmodell, wo zwar viele Personen teilnehmen, aber nur wenige reden. Lange vor dem ersten Veranstaltungstag ist das Programm geschrieben. Die Redner – als so genannte Experten – sind eingeladen und in der Regel auf einem höher stehenden Podest vor den vielen hintereinander aufgebauten Reihen platziert. Vorne, etwas höher, wird geredet und hinten, unten, wird zugehört.

Es ist kein Geheimnis: Viele Teilnehmer im Plenum langweilen sich oft. Das liegt nicht unbedingt am Inhalt der Vorträge. Eher ist es die erzwungene passive Haltung, die den Zuhörer nicht selten ins Reich der Träume schwinden lässt. Für anregende Gespräche und Diskussionen bleibt kaum Zeit, wollen sich die Redner oben auf dem Podest doch lieber selber reden hören. Außerdem sind die Pausen zu kurz und die Warteschlangen vor dem Kaffeeausschank zu lang, um mit anderen Zuhörern in ein interessantes Gespräch zu kommen.

Der Einsatz von Open Space ist besonders deshalb ein Erfolg, weil die Teilnehmenden die ganze Konferenz über Zeit haben, mit anderen nach ihrem Engagement zu ihren Themen zu arbeiten, Ideen zu entwickeln und auch zu planen, wie sie diese umsetzen möchten. Kein Teilnehmender muss sich etwas anhören, woran er nicht interessiert ist. Jede Person trägt an den Tagen der Konferenz das bei, was ihr am Herzen liegt und was sie bewegen möchte.

Die Arbeit am eigenen Thema schafft Engagement

Getragen und unterstützt wird das individuelle Engagement der teilnehmenden Personen durch ein Regelwerk, bestehend aus vier Leitlinien und einem Gesetz.

*Leitlinien fördern das
individuelle Arbeiten*

Vier Leitlinien ...

• Wer kommt, ist die richtige Person.

• Offenheit für das, was passiert.

• Es beginnt, wenn die Zeit reif ist.

• Vorbei ist vorbei.

... und ein Gesetz

• „Gesetz der zwei Füße."

Die besonderen Aspekte von Open Space werden im Folgenden in Anknüpfung an das Regelwerk dargestellt. Das Regelwerk wird im dritten Kapitel ausführlicher behandelt.

❖ **Jede Person wird als Experte anerkannt:** »*Wer kommt, ist die richtige Person*«

Wer kommt, ist die richtige Person

Zu einer Open Space-Veranstaltung werden alle Personen eingeladen, die in irgendeiner Weise mit dem Problem zu tun haben. Hierzu zählen auch die Personen, die von den Auswirkungen möglicher Lösungen betroffen sein werden. Das können organisationsintern der Hauptabteilungsleiter oder Hausmeister sein, organisationsextern die Kunden, Lieferanten oder Geldgeber.

Bei Open Space besteht die Annahme, dass die Personen kommen werden, die zu der Situation etwas beitragen wollen. Deren Wissen ist ausreichend, um zur Problematik etwas beizusteuern.

❖ **Form der Zusammenarbeit:** »*Offenheit für das, was passiert*«, »*Es beginnt, wenn die Zeit reif ist*«, »*Vorbei ist vorbei*«, »*Gesetz der zwei Füße*«

Offenheit für das was passiert

Die Teilnehmer arbeiten selbst bestimmt und selbst organisiert. Sie bestimmen, welche Workshops angeboten werden und in welche sie gehen wollen. Sie arbeiten in vielen verschiedenen Gruppen, in jeder mit anderen Menschen. Die Arbeit beginnt und dauert so lange, wie es die Gruppenmitglieder für notwendig erachten.

Haben die Teilnehmenden nach einiger Zeit kein Interesse mehr an dem gewählten Workshop, verlassen sie diesen. Sie können in einen anderen gehen oder Pause machen. Das »Gesetz der zwei Füße« erlaubt es ihnen. Es besagt, dass die Teilnehmer einen Workshop verlassen dürfen, wenn sie nichts mehr lernen oder beitragen. Ist das der Fall, ehren sie die Gruppe mit ihrer Abwesenheit.

Die Teilnehmenden moderieren ihre Workshops selbst, dokumentieren deren Ergebnisse und setzen diese später um.

❖ **Schnelle Bearbeitung des Problems:** »*Gesetz der zwei Füße*«

»Gesetz der zwei Füße«

Alle Anwesenden organisieren sich nach ihrem Engagement für die vorgeschlagenen Themen. Verschwendete Zeit und Energie gibt es nicht. Sie arbeiten schnell und intensiv, denn sie sind alle freiwillig zu dieser Veranstaltung erschienen. Der Freiraum für individuelle Kreativität spornt sie an, ebenso wie die Verantwortung für das Geschehen.

❖ **Größe spielt (kaum) eine Rolle**

Bis zu 1.000 Personen können teilnehmen

Acht bis zu 1.000 Personen können zur gleichen Zeit teilnehmen. Jede Person kann trotz der Größe der Gruppen im gleichen Maße aktiv sein.

1.4 Was wird mit Open Space erreicht?

Was entfaltet Open Space beim Einzelnen?

Im Folgenden wird dargelegt, was die Teilnehmenden während einer Open Space-Veranstaltung an sich selbst beobachten und schildern, sowie was bei den Teilnehmenden bemerkt werden kann.

❖ **Mut und Vertrauen in die eigenen Fähigkeiten**
Während die Methode erläutert wird und die Teilnehmenden von der Moderatorin erfahren, dass es auf dieser Veranstaltung auf sie ankommt, verraten die meisten Blicke Unsicherheit und Skepsis. »*Was, das soll funktionieren? Wir bestimmen die Themen, zu denen wir die nächsten zwei Tage arbeiten werden? Dort in den großen Kreis soll ich gehen, wenn ich ein Thema vorschlagen möchte? Vor allen Anwesenden soll ich mein Thema vorstellen?*« Viele haben ein mulmiges Gefühl. Sie können nicht glauben, dass es ihnen gelingen wird, selbst das Veranstaltungsprogramm zu bestimmen.

Mut zeigt besonders die erste Person, die in die Mitte des Kreises geht. Doch auch die folgenden Workshop-Einberufer überwinden eine große Hemmschwelle. Bei diesem »Ritual« wird viel von den Teilnehmenden abverlangt. In die Mitte des Kreises zu gehen und vor allen Anwesenden zu sprechen zeigt viel Verantwortung für das Thema und einen starken Drang, nach möglichen Lösungsstrategien suchen zu wollen.

Hemmungen werden überwunden, Eigenverantwortung entsteht

Nach wenigen Minuten zeigt sich, dass die Teilnehmerinnen und Teilnehmer geschafft haben, was sie vorher für kaum möglich hielten: Die Zeit- und Raumtafel ist gefüllt.

Im Verlauf der Veranstaltung erkennen die Teilnehmenden ihre Fähigkeit, Lösungen zu entwickeln und Umsetzungsschritte dafür festzulegen. Nicht selten äußern sich die Teilnehmer dahingehend, dass sie erstaunt sind, zu so guten Ergebnissen gekommen zu sein.

❖ **Moderationsfähigkeit**

In der Regel leitet jeder Workshop-Einberufer seine Arbeitsgruppe. Auch Menschen, die in ihren Lebzeiten noch nie moderiert haben, entdecken ihre Fähigkeit dazu. Sie leiten die Diskussion, führen Protokoll und stellen die Ergebnisse dar. Die entdeckten Führungspotenziale machen den Teilnehmenden die Wichtigkeit ihrer eigenen Person deutlich und fördern damit ihr Selbstbewusstsein.

Führungspotenziale entdecken

❖ **Kommunikationsbereitschaft und -fähigkeit**

Das bloße Erscheinen der Betroffenen bei dieser Veranstaltung signalisiert ihre Bereitschaft, gemeinsam mit anderen an der Problematik arbeiten zu wollen. Denn sie sind alle freiwillig erschienen. Darüber hinaus ist zu erkennen, wie redselig die Anwesenden sind. Ein ständiges Stimmengewirr erfüllt die Arbeitsräume. Jeder kommt zum Reden. Vorgesetzte haben keine Sonderstellung. Vorerst schüchterne Personen trauen sich, ihre Meinung zu äußern, manchmal nicht nur in der kleinen Arbeitsgruppe, sondern vor der gesamten Gruppe. »*Ich habe erkannt, dass wir nur etwas bewirken können, wenn wir miteinander reden*«, ist eine häufig geäußerte Meinung.

Kommunikations-fähigkeit entwickeln

❖ **Arbeiten ohne Anleitung**

Ohne Anleitung, zu arbeiten kennen die wenigsten Teilnehmenden. Es erstaunt sie oft selbst, dass sie hierzu in der Lage sind. Die Arbeit mit Open Space erleben viele als befreiend und kreativ.

Kreativ ohne Anleitung

Später, wenn die Teilnehmenden wieder in ihrer Organisation sind, werden sie die Erfahrungen und Beobachtungen aus dem Open Space im Gedächtnis behalten. Sie werden mutiger sein, ihre Themen zur Sprache zu bringen, und sich gemeinsam mit Kolleginnen und Kollegen um die Lösung ihres Problems bemühen. Sie werden ihr Vertrauen in ihre Fähigkeiten ausbauen. Das Management muss Ihnen den Spielraum (Open Space) geben, über den Horizont hinaus denken und handeln zu dürfen.

Welche Wirkung kann Open Space in der Organisation haben?

Schub zur Veränderung

Sind alle Erfolgsvoraussetzungen aus dem zweiten Kapitel berücksichtigt, kann Open Space folgende Wirkungen im Unternehmen bzw. in der Organisation haben:

❖ **Schnelle Reaktion auf die Veränderung**

Beispiel: In einer Schule melden immer mehr Eltern ihre Kinder ab. Es ist abzusehen, dass dieser Trend sich fortsetzt. Einige Gründe für diese Abmeldungen sind wenigen Lehrern und der Schulleitung bekannt. Doch was sie dagegen machen können und was sonst noch für Gründe bestehen, weiß keiner. Die Schulleitung und die Elternvertretung ent-

Wissen der Organisation gebündelt einsetzen

schließen sich zu einer Open Space-Veranstaltung. Es sind alle Betroffenen eingeladen: die Schulleitung, Eltern, Schüler, Lehrer, ehemalige Lehrer, das Reinigungs- und Verwaltungspersonal. Alle beraten zu diesem Problem und bringen eine Menge Begründungen für die Austrittswelle, die intensiv diskutiert werden. Es werden Veränderungsziele definiert, Ideen entwickelt und Lösungsansätze in drei Tagen zu Papier gebracht. Das Beispiel zeigt, dass Veränderungsmaßnahmen oftmals nicht mehr von einer oder nur wenigen Personen bewältigt werden können. Durch das Zusammenkommen vieler betroffener Menschen beim Open Space werden das Wissen und die Intelligenz in der Organisation erschlossen und gebündelt eingesetzt. Dadurch werden in kurzer Zeit neue Perspektiven entworfen und neue Handlungsansätze entdeckt.

❖ **Gleichzeitiger Wandel**

Übergreifende gleichzeitige Veränderung ist möglich

Beispiel: Ein Unternehmen ruft zu einer Open Space-Veranstaltung. Ein Qualitätsverbesserungsverfahren, das mehrere Abteilungen betrifft, wird nicht effektiv umgesetzt. Widerstand der Belegschaft hat sich aufgetan. Es fehlt an einer Kommunikation der verschiedenen Bereiche. Jede Abteilung tüftelt vor sich hin. Auf der Open Space-Veranstaltung wird daran gearbeitet, wie man dieses Verfahren besser anwenden und wie der Informationsfluss zwischen den Abteilungen verbessert werden könnte. Die erarbeiteten Handlungsansätze werden gleichzeitig in den verschiedenen Abteilungen sofort nach der Veranstaltung umgesetzt.

❖ **Nachhaltige Wirksamkeit der Veränderung**

Die Teilnehmer arbeiten an ihren Unterthemen zum vorgegebenen Leitthema. Sie bestimmen die Inhalte ihrer Workshops und schließlich setzen sie ihre Ziele, die sie mit eigens formulierten Maßnahmen erreichen möchten. Sie sind die einzigen Personen, die Impulse für die Veränderung geben. Es ist »ihre« Veränderung, eine Veränderung von »innen«. Niemand zwingt ihnen in diesem Prozess Maßnahmen auf. Sie handeln auch nach der Open Space-Veranstaltung freiwillig und nach ihren Interessen. Sie sind der Veränderung gegenüber motiviert und tragen ihr Engagement als Multiplikatoren an Personen weiter, die nicht teilgenommen haben.

Identifikation schafft Motivation

❖ **Kommunikation in großen Gruppen ist effektiv**
Viele parallel laufende Arbeitsgruppen machen die Kommunikation vieler Menschen zur gleichen Zeit möglich. Vertreter verschiedener Funktionen und Hierarchien informieren einander und erhalten hierdurch zur gleichen Zeit denselben Wissensstand. Darüber hinaus entwickeln sie ein gegenseitiges Verständnis. Beides schafft die Grundlage für eine effektivere Zusammenarbeit. Begünstigt wird dieses durch die gute Arbeitsatmosphäre und das entstehende Gemeinschaftsgefühl.

Gemeinsame Arbeit verbessert die Motivation

Bei der Frage, was mit dem Einsatz von Open Space erreicht wird, muss natürlich auch erwähnt werden, dass sich das Führungskräfte-Mitarbeiter-Verhältnis unweigerlich ändern wird. Oft erzeugt Open Space ein größeres gegenseitiges Vertrauen. Einerseits der Mitarbeiter gegenüber der Führung, dass diese die von den Mitarbeitern erarbeiteten Lösungsvorschläge annimmt und die Umsetzung zulässt. Und andererseits Vertrauen der Führung gegenüber den Mitarbeitern, dass diese die Kompetenz und Motivation besitzen, die Situation im Sinne der Organisation zu verändern.

Führungskräfte-Mitarbeiter-Verhältnis verändert sich mit Open Space

Was wird mit Open Space erreicht?	
Beim Einzelnen	In der Organisation
❖ Mut und Vertrauen in die eigenen Fähigkeiten.	❖ Schnelle Reaktion auf die Veränderung.
❖ Moderationsfähigkeit.	❖ Gleichzeitiger Wandel.
❖ Kommunikationsbereitschaft und -fähigkeit.	❖ Nachhaltige Wirksamkeit der Veränderung.
❖ Arbeiten ohne Anleitung.	❖ Kommunikation in großen Gruppen ist effektiv.

1.5 Open Space und andere Großgruppeninterventionsmethoden

Neben Open Space gibt es noch weitere anerkannte Großgruppeninterventionsmethoden. Der Vollständigkeit halber werden zwei davon kurz vorgestellt, da sie ebenfalls Instrumente zur Einleitung und Bewältigung von Veränderungsprozessen sind und wie Open Space bei den Teilnehmenden Verantwortung und Motivation für die Veränderung freisetzen. Sie unterscheiden sich jedoch in einigen Punkten von Open Space. Zum einen ist dies Future Search (Zukunftskonferenz) und zum anderen Real Time Strategic Change (Strategiekonferenz). Bevor die wesentlichen Unterscheidungen zu Open Space erläutert werden, finden Sie nachstehend einige Informationen zu den Methoden.

Future Search

Gemeinsame Zukunfts-
bilder entwickeln

Future Search-Konferenzen ermöglichen Menschen mit unterschiedlichen Interessen, gemeinsame Zukunftsbilder zu entwickeln und verbindlich Ziele und Maßnahmen für die Organisation zu setzen. Für drei Tage kommen bis zu 72 Personen aus unterschiedlichen Hierarchie- und Funktionsebenen zusammen sowie bei Unternehmen auch Kunden, Lieferanten und Händler.

Die Veranstaltung ist in fünf Schritte gegliedert. Der erste Schritt ist ein Rückblick in die Vergangenheit. Hier erkennen die Teilnehmenden, worin sie sich ähneln oder unterscheiden. Im zweiten Schritt betrachten sie die Gegenwart mit ihren Trends und Entwicklungen. Es werden Wahrnehmungen gesammelt und ein großes Bild des Umfeldes entsteht. Konsequenzen für die Gegenwart werden abgeleitet. Gemeinsame Werte werden deutlich und ein gemeinsames Zukunftsbild zeichnet sich im Verlauf der Veranstaltung ab. Als dritten Schritt stellen die Teilnehmenden ihre Zukunftsvisionen vor. Danach befassen sie sich mit der Konsensfindung über die Ziele dieser Visionen. Im letzten Schritt werden verbindliche Maßnahmen zur Erreichung der gemeinsam festgelegten Ziele verabredet.

Bei Future Search handelt es sich um ein stark strukturiertes Verfahren. Für jeden Schritt erhalten die Teilnehmer mündliche und zusätzlich auch schriftliche Arbeitsanweisungen. Jeder Arbeitsschritt ist vorgegeben und verfolgt ein erprobtes Konzept mit dem Prinzip »Blick auf die Gemeinsamkeiten und nicht auf die Probleme«.

Welche Ergebnisse am Ende der Veranstaltung herauskommen, ist offen. Sicher ist jedoch, dass alle Teilnehmenden hinter den Ergebnissen stehen, die Sichtweisen anderer Interessengruppen kennen gelernt und eine erweiterte Wahrnehmung für ihr Umfeld entwickelt haben.

Diese Methode ist besonders für Unternehmen und Organisationen beim Eintritt in eine neue »Phase« geeignet. Sie ist auch empfehlenswert für die Zusammenarbeit von Gruppen mit konfliktärer Vergangenheit.

Real Time Strategic Change

Real Time Strategic Change ist eine Methode, mit der eine Unternehmens- bzw. Organisationsleitung Informationen über ihre Veränderungsabsichten an die Mitarbeiter weiterreicht. Sie dient der Aktivierung und Motivation der Mitarbeiter sowie der Strategieabstimmung. Die Konferenz dauert bis zu drei Tage und kann ab 50 Personen durchgeführt werden. Der von den Veränderungszielen der Unternehmens- bzw. Organisationsführung betroffene Personenkreis kommt zusammen.

Aktivierung und Motivation der Mitarbeiter und Strategieabstimmung

Im ersten Arbeitsschritt wird die aktuelle Situation problematisiert und damit die Dringlichkeit der Veränderung deutlich gemacht. Externe Personen, wie zum Beispiel Lieferanten, werden eingeladen, um darüber zu berichten, wie sie die Situation dieser Organisation beurteilen und wo sie Schwierigkeiten sehen. Im zweiten Schritt werden die von der Organisationsführung gesetzten Ziele den Betroffenen vorgestellt. Diese wiederum formulieren ihre Ziele und präsentieren sie dem Plenum. Es folgt ein Dialog zwischen den Teilnehmern und der Organisationsleitung und schließlich die Abstimmung der Zielvorstellungen. Das Ergebnis ist eine gemeinsam getroffene Zielsetzung. Schließlich werden abteilungsbezogene Maßnahmen entwickelt, die sofort umgesetzt werden können.

Erfolgsvoraussetzung der Veranstaltung ist: Die Leitung ist bereit, die Anregungen der Mitarbeiter in ihre Strategie einzubinden.

Unterscheidungsmerkmale der drei Methoden

Bei der Erläuterung der Unterscheidungsmerkmale von Open Space, Future Search und Real Time Strategic Change kann hier nur auf die offensichtlichen Unterschiede eingegangen werden.

Wichtige Unterschiede

❖ **Ziel**
Ziel von Open Space ist die schnelle Erarbeitung von Lösungen und Veränderungsaspekten zu einem komplexen und konfliktbeladenen Thema. Future Search dient der Entwicklung gemeinsamer Zukunftsbilder und Maßnahmen. Real Time Strategic Change hat eine breit getragene Strategie zum Ziel.

❖ **Teilnehmerzahl**
Open Space kann mit acht Personen sowie mit maximal 1.000 Personen durchgeführt werden. Future Search beschränkt sich auf maximal 72 Personen. Real Time Strategic Change sollte erst ab 50 Personen stattfinden.

❖ **Durchführung**
Beim Open Space bestimmen ausschließlich die Teilnehmenden den Veranstaltungsablauf. In einer Future Search- oder Real Time Strategic Change-Konferenz werden die Betroffenen durch festgelegte Arbeitsschritte geführt.

❖ **Ergebnis**
Eine Open Space-Veranstaltung führt zu einem großen Spektrum an Vorschlägen und Ergebnissen zum Leitthema sowie ersten Projektbildungen zur Umsetzung. Welche Inhalte und Maßnahmen erarbeitet werden, ist offen. Die Ergebnisse einer Future Search-Konferenz sind eine gemeinsame Vision und verbindliche Maßnahmen zur Umsetzung der Ziele dieser Vision. Real Time Strategic Change führt zu einer Strategie und zu sofort umsetzbaren Maßnahmen.

❖ **Grad der Struktur**
Während in einer Open Space-Veranstaltung die Teilnehmer frei handeln können – also neben ihren Workshop-Themen auch ihre Arbeitszeiten und Pausen bestimmen –, sind die Teilnehmenden der anderen Verfahren an die einzelnen Arbeitsschritte gebunden. Die Freisetzung kreativer Potenziale ist somit bei der Open Space-Veranstaltung am höchsten.

❖ **Verantwortung für den Prozess**
Die Teilnehmer einer Open Space-Veranstaltung entwickeln wegen des geringen Strukturgrades bereits von Anfang an Verantwortung für den Prozess und die Ergebnisse. Bei den anderen Methoden wird diese Verantwortung erst im fortgeschrittenen Verlauf der Veranstaltung erreicht.

❖ **Veranstaltungsdauer**
Open Space kann von wenigen Stunden bis zu drei Tagen durchgeführt werden. Future Search und Real Time Strategic Change sollten nicht unter zwei Tagen durchgeführt werden.

❖ **Vorbereitungsaufwand**
Open Space lässt sich in zwei Monaten vorbereiten. Die Planung von Veranstaltungen mit den anderen Methoden benötigt dagegen bis zu sechs Monate.

Drei Großgruppen-interventionsmethoden		
Open Space	**Future Search**	**Real Time Strategic Change**
Schnelle Erarbeitung von Lösungen und Veränderungsabsichten	Entwicklung gemeinsamer Zukunftsbilder und Maßnahmen	Breit getragene Strategie

Zusammenfassung

Open Space ist eine Konferenzmethode, die vom Engagement der Teilnehmenden lebt. Es gibt ein Leitthema. In der ersten Stunde der Veranstaltung schlagen die Teilnehmenden ihre Themen für die parallel laufenden Workshop-Gruppen vor. So entsteht ein mehrtägiges Veranstaltungsprogramm. Zwei Tage arbeiten die Teilnehmenden in Gruppen. Ideen, Ziele und Maßnahmen werden zur gleichen Zeit in verschiedenen Gruppen erarbeitet. Am dritten Tag werden die Ergebnisse zu einem Dokumentationsband zusammengetragen und erste Maßnahmen für die Umsetzung geplant.

Die Methode basiert auf den Prinzipien der Selbstorganisation und Selbstbestimmung. Es werden bei den Teilnehmenden Verantwortung und Motivation für die Veränderung sowie ein starkes Gemeinschaftsgefühl erzeugt. Sie entstand aus der Idee, eine ungezwungene und trotzdem effektive Konferenz zu gestalten. Die Elemente Kreis, Atem, Anschlagbrett und Marktplatz lassen einen Raum und eine Atmosphäre entstehen, bei der eine solche Konferenz möglich ist.

Open Space ist anders als die Konferenzen und Tagungen, die wir kennen. Alle Personen sind aktiv. Jeder ist gleichberechtigt und jeder ist ein Experte auf seinem Gebiet. Das »Gesetz der zwei Füße« ermöglicht den Teilnehmenden, sich in jede Arbeitsgruppe einzubringen – sei es für zwei Stunden oder nur zehn Minuten. Es gibt keine vergeudete Zeit oder Energie. Produktives und schnelles Arbeiten sind bezeichnend für diese Methode.

Eine Open Space-Veranstaltung bewirkt viel: beim Einzelnen wie in der Organisation. Auf der Ebene des Einzelnen führt sie zu Mut und Vertrauen, die Situation in die eigenen Hände zu nehmen. Darüber hinaus werden die Fähigkeiten, Workshops zu moderieren und ohne Anleitung selbstständig ergebnisorientiert zu arbeiten, erkannt und weiterentwickelt. Auf der Ebene der Organisation kommt es zur schnellen Reaktion auf die Veränderung und gleichzeitigem Wandel in verschiedenen Sparten, Abteilungen etc. Da die Mitarbeiter ursächlich für den Prozess verantwortlich sind, sorgen sie durch die Akzeptanz ihrer Ergebnisse für eine nachhaltige Wirkung der eingeleiteten Veränderung.

2. Open Space in der Anwendung

2.1 Open Space-Einsatz: Wo, wann und zu welchen Anlässen?

Open Space ist überall dort einsetzbar, wo viele Menschen gemeinsam in Organisationen wirken. Das kann unter anderem in Unternehmen, sozialen Einrichtungen, in der öffentlichen Verwaltung, in Gemeinden, Städten und Krankenhäusern, Schulen, Kirchen oder Vereinen sein. Aber auch dort, wo Menschen aus verschiedenen Organisationen, Institutionen oder Netzwerken miteinander kooperieren, ist der Einsatz der Methode möglich und sogar bereits erprobt. Die Art der Organisation oder des Systems ist nicht entscheidend für den Einsatz von Open Space. Vielmehr sind dafür drei Überlegungen von Bedeutung:

Der Einsatz von Open Space

❖ **Persönliche Betroffenheit**
Beim Anlass der Veranstaltung sollte es sich um eine Situation handeln, die bei den Eingeladenen Leidensdruck bzw. Betroffenheit hervorruft.

❖ **Dringender Handlungsbedarf**
Darüber hinaus sollte die Situation so dringlich sein, dass schnellstmöglich gehandelt werden müsste.

❖ **Heterogene Zusammensetzung**
Zur Bewältigung anstehender Veränderungen ist es sinnvoll, Menschen aus unterschiedlichen Funktionen, verschiedenen Hierarchieebenen und unterschiedlicher Nationalität, Herkunft, Altersgruppe etc. zusammenzubringen.

Sind diese Voraussetzungen zutreffend, kann unter anderem von folgenden Wirkungen ausgegangen werden:

❖ Personen, die zur Veranstaltung kommen, wollen zur Veränderung etwas beitragen und die Umsetzung selbst in die Hand nehmen. Der eingeleitete Veränderungsprozess bewirkt eine nachhaltige Wirkung.
❖ Die unterschiedlichen Menschen entwickeln aufgrund ihrer voneinander abweichenden Denkweisen und Erfahrungen vielfältige Workshop-Themen sowie eine Fülle an kreativen Ideen und Lösungsansätzen zur Veränderung.
❖ Der bestehende hohe Veränderungsdruck motiviert die Teilnehmenden, schneller und zielorientierter zu arbeiten.

Open Space ist ein Instrument mit vielfältigen Möglichkeiten und kann daher bei einer großen Anzahl von Anlässen eingesetzt werden. Im Folgenden finden Sie einige Anwendungsbeispiele von Open Space. Unter dem Punkt »*Die Open Space-Praxis – Ergebnisse einer Umfrage*«, Seite 133, finden Sie weitere im deutschsprachigen Raum praktizierte Open Space-Veranstaltungen. Open Space kann eingesetzt werden, um

Zu welchen Anlässen?

❖ Veränderungsprozesse in Gang zu bringen.
❖ Fusionen von Unternehmen mit Unterstützung der Mitarbeiter zu planen und umzusetzen.
❖ einem Umsatzrückgang entgegenzusteuern.
❖ die Leistungsfähigkeit im Unternehmen zu steigern oder auszubauen.
❖ die Neuausrichtung des Unternehmens bzw. der Organisation, einer Abteilung oder Filiale anzusteuern.
❖ den Kundenservice zu verbessern.
❖ auf Bugdetkürzungen im öffentlichen Haushalt zu reagieren.
❖ Umweltschutzmaßnahmen einzuleiten.
❖ auf Gesetzesänderungen zu reagieren und sie optimal in vorhandene Abläufe einzubinden.
❖ die Zusammenarbeit zwischen Kooperationspartnern, Abteilungen, Mitarbeitern etc. zu verbessern.
❖ Ideen für neue Projekte, Produkte, Prozesse usw. zu entwickeln.
❖ die Qualität der Leistungen zu verbessern und zu sichern.
❖ städteplanerische Maßnahmen mit Bürgern zu entwickeln.
❖ Probleme früh zu erkennen und ihnen entgegenzuwirken.
❖ Jahresveranstaltungen oder monatliche Besprechungen mit der Abteilung oder der Projektgruppe zu gestalten.

2.2 Die Häufigkeit des Open Space-Einsatzes

Die Anwendungshäufigkeit von Open Space ist von der Komplexität des Anlasses abhängig. So kann Open Space einmalig, wiederholt oder periodisch durchgeführt werden.

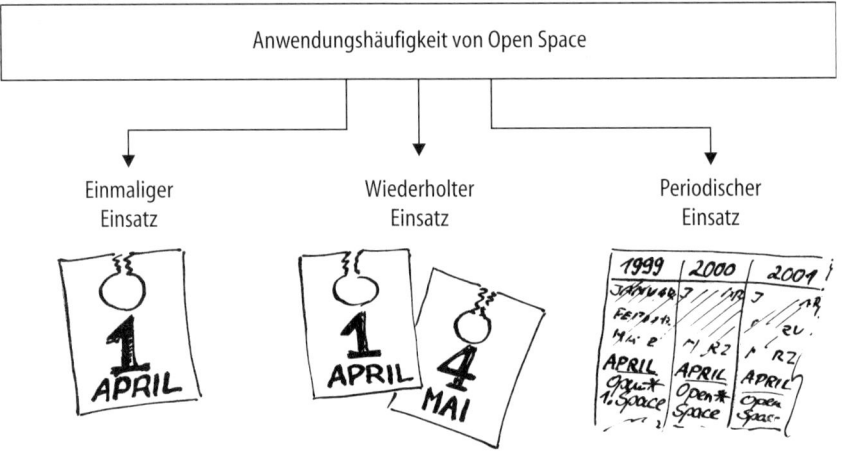

Einmaliger Einsatz

Als Auftakt für Veränderungsprozesse

Soll beispielsweise die Leistungsfähigkeit gesteigert werden, um einem sinkenden Marktanteil entgegenzusteuern, oder wird von der Unternehmensführung eine Produktinnovation angestrebt, so kann zur Lösung dieser Probleme bzw. Fragestellungen eine einmalige Open Space-Veranstaltung ausreichen. Einmalige Veranstaltungen eignen sich auch hervorragend, um Veränderungsprozesse mit einer Auftaktveranstaltung einzuleiten.

Beispielsweise soll ein Verein neu strukturiert werden. Dieses wird als Leitthema auf der Veranstaltung bearbeitet. Nach der Veranstaltung kümmern sich die entstandenen Umsetzungsgruppen um die Neugestaltung einzelner Bereiche, wie zum Beispiel Finanzierung, Mitgliederverwaltung oder Werbung. Eine andere mögliche Variante ist der Einsatz von Open Space als Tagungsmethode (siehe Seite 88).

Wiederholter Einsatz

Ist die Situation von Beginn an sehr komplex, ist es ratsam, mehrere Open Space-Veranstaltungen zu planen. Die Situation wird dabei in Themenbereiche gegliedert und zu jedem findet eine eigene Open Space-Veranstaltung statt. Das Potenzial der Betroffenen wird hier für jeweils einen Themenbereich gebündelt.

Bei komplexen Fragestellungen

Diese Anwendungsvariante soll am Beispiel eines Zusammenschlusses von Unternehmen verdeutlicht werden: Wenn Unternehmen fusionieren, tritt in verschiedenen Bereichen unterschiedlicher Veränderungsbedarf auf. Die Produktion wird möglicherweise aufeinander abgestimmt. Es werden Produkte aufgegeben oder vom Fusionspartner übernommen. Arbeitsabläufe im Einkauf und Verkauf der beiden Unternehmen werden angepasst und vieles mehr. Als besondere Herausforderung wird die Harmonisierung kultureller Unterschiede verstanden.

Open Space kann zu Beginn der Fusion eingesetzt werden, um die notwendigen Handlungsfelder zu lokalisieren. Für diese werden dann jeweils weitere Open Space-Veranstaltungen durchgeführt.

Ziele eines wiederholten Einsatzes von Open Space sind:

❖ Ein äußerst komplexes Thema wird differenziert und überschaubarer gemacht. Dadurch bleiben die Ergebnisse und Umsetzungsmaßnahmen in einem für die Teilnehmenden übersichtlichen Rahmen. Die Umsetzung der Ergebnisse lässt sich für sie leichter nachvollziehen und in der Organisation verbreiten.
❖ Die entstandene Motivation zur Veränderung bleibt länger bestehen.
❖ Die Betroffenen werden schrittweise an die Probleme und deren Bewältigung herangeführt.
❖ Zu jeder Veranstaltung werden nur die betroffenen Gruppen eingeladen und nicht alle Personen, die mit der Fusion im weitesten Sinne zu tun haben.

Manchmal zeichnet sich nach einer einmalig durchgeführten Open Space-Veranstaltung ab, dass erarbeitete Lösungsansätze äußerst komplex und zur Umsetzung noch viele Informationen einzuholen sind. In diesem Fall ist es sinnvoll, zur Klärung dieser Ergebnisse und zur Mobilisierung weiterer Personen eine zweite Open Space-Veranstaltung durchzuführen.

Als Teil der Unternehmens-philosophie

Eine besonders intensive Form der wiederholten Nutzung von Open Space ist die Einbindung der Methode in die Struktur des Unternehmens oder der Organisation. Dies setzt voraus, dass Open Space als Werkzeug in die Philosophie des Unternehmens oder der Organisation installiert wird. Das bedeutet, dass die Mitarbeiter beim Auftreten von Problemen eigeninitiativ funktions- und hierarchieübergreifende Gruppen einberufen können, um Lösungsstrategien zu entwickeln.

Periodischer Einsatz

Bei ständigem Veränderungsdruck

Unternehmen bzw. Organisationen, die zum Beispiel ihre Leistungen den sich ständig verändernden Entwicklungen anpassen wollen, können dazu die Open Space-Methode nutzen. In regelmäßigen Zeitabständen angelegte Open Space-Veranstaltungen ermöglichen es, in kurzer Zeit auf Veränderungen des Umfeldes zu reagieren. Ferner ermöglichen wiederkehrende Open Space-Veranstaltungen den Beteiligten, auftretende Probleme frühzeitig zu lokalisieren und vorbeugende Maßnahmen zu treffen. Darüber hinaus ist Open Space bei regelmäßigen Besprechungen anwendbar (siehe Seite 87).

2.3 Erfolgsvoraussetzungen und Grenzen

Erfolgsvoraussetzungen

Für den erfolgreichen Einsatz von Open Space sollten bestimmte Voraussetzungen erfüllt sein. Im Vorfeld einer Open Space-Veranstaltung muss die Moderatorin oder der Moderator mit einer Planungsgruppe prüfen, ob die Voraussetzungen für eine Open Space-Anwendung erfüllt sind:

- ❖ **Persönliche Betroffenheit der Teilnehmer** (siehe Seite 30)
- ❖ **Dringender Handlungsbedarf** (siehe Seite 30)
- ❖ **Heterogene Zusammensetzung** (siehe Seite 30)
- ❖ **Freiwilligkeit der Teilnahme**
  Die Freiwilligkeit der Teilnahme von Betroffenen an der Veranstaltung ist oberstes Gebot. Infolgedessen arbeiten die Teilnehmenden effektiv und motiviert an den Themen. Sie setzen die entwickelten Maßnahmen mit Leidenschaft und Verantwortung um. Akzeptanz gegenüber den Maßnahmen entsteht.

  Prüfen Sie die Voraussetzungen für eine Open Space-Anwendung

- ❖ **Komplexes und konfliktäres Leitthema**
  Das Leitthema muss komplex sein. Denn nur so haben die Betroffenen den Spielraum, viele Workshop-Themen vorzuschlagen und darin aus verschiedenen Perspektiven zahlreiche Ideen sowie Lösungsvorschläge zu erarbeiten. Komplex ist beispielsweise die Umstrukturierung eines Unternehmens bzw. einer Organisation, einer Abteilung oder Filiale. Nicht unbedingt komplex ist dagegen die Befragung der Mitarbeiter zur Einführung eines neuen EDV-Systems. Ist das Leitthema zudem konfliktär, ist die Bereitschaft der Betroffenen zur Kommunikation mit anderen Personen, Funktionen oder Abteilungen in der Regel höher.
- ❖ **Offenheit der Organisationsleitung**
  Die Organisationsleitung sollte Vertrauen in die Kompetenz der Mitarbeiterinnen und Mitarbeiter haben. Sie muss dem Einsatz einer unkonventionellen Methode, unerwarteten Ergebnissen und einer Weiterverfolgung der Ergebnisse gegenüber unbedingt aufgeschlossen sein.

❖ **Lösungsansätze für die Situation unbekannt**
Die Antwort auf das Problem oder die Fragestellung der Veranstaltung sind nicht bekannt. Weder die Organisationsleitung noch andere haben vor der Veranstaltung bereits Lösungsstrategien erarbeitet, die sie mit in die Veranstaltung bringen.

❖ **Weiter Diskussionsspielraum durch offene Leitthemen-Formulierung**
Das Leitthema sollte so formuliert werden, dass es einen weiten Diskussionsspielraum bietet. Denn daraus ergibt sich auch ein breites Spektrum an Workshop-Themen.

❖ **Einladung**
Eingeladen werden alle von der Situation betroffenen Personen oder ein repräsentativer Querschnitt. Jede Person, wenn auch nur am Rande von der Situation betroffen, wird gebraucht, um flächendeckend die nachhaltige Veränderung in Gang zu bringen und dafür Akzeptanz zu schaffen.

❖ **Gute logistische Organisation**
Den Teilnehmenden wird ein logistischer Rahmen geboten. Räume, Material und Verpflegung müssen ausreichend zur Verfügung stehen. Die Teilnehmenden können sich so ihr eigenes individuelles Lernumfeld schaffen.

❖ **Vorbereitung der Teilnehmenden auf die selbstverantwortliche Rolle**
Die Teilnehmenden sollten die Möglichkeit haben, sich auf diese neue Rolle vorzubereiten. Bereits in der Einladung wird darauf hingewiesen, dass sie das Veranstaltungsprogramm selbst entwickeln und in selbst bestimmten Gruppen eigeninitiativ arbeiten werden. Die Betroffenen werden so aus ihrer eher passiv konsumierenden Haltung herausgeholt.

Ferner gilt für den Prozess:

❖ **Kontrolle abgeben**
Nach der Einführung in die Methode zieht sich die Moderatorin aus dem Geschehen zurück und gibt die Kontrolle über den Prozess und die Inhalte weitgehend an die Gruppe ab. Interventionen ihrerseits sind nur in Ausnahmefällen angeraten (siehe Seite 83). Die Organisationsleitung legt ihre Hierarchieposition für den Zeitraum der Veranstaltung ab und verhält sich so, als würde sie sich mit den Teilnehmenden auf gleicher Ebene befinden.

Grenzen

Open Space ist für viele Zwecke einsetzbar. Doch wie jede andere Methode hat sie auch ihre Grenzen. Hier werden einige Grenzen aufgezeigt. Bei deren Überschreitung sollte genau bedacht werden, ob die Open Space-Methode für diesen Einsatz geeignet ist.

Open Space
kann nicht alles

❖ **Keine Realisierunsmöglichkeit der Ergebnisse**
   Die Organisationsleitung hat nicht die Absicht, den auf der Open Space-Veranstaltung erarbeiteten Ergebnissen einen Realisierungsrahmen zu geben. Die Ergebnisse der Veranstaltung würden ins Leere führen und könnten zur Frustration bei den Betroffenen führen.

❖ **Keine vordefinierten Ziele oder Strategieentwürfe**
   Open Space ist nicht anwendbar, um die Teilnehmenden für vordefinierte Ziele oder Strategieentwürfe zu begeistern oder diese zur Weiterentwicklung an die Teilnehmenden zu geben.

❖ **Keine Wissensvermittlung**
   Open Space eignet sich nicht, um gezielt Informationen zu vermitteln. Geplante Vorträge, Präsentationen, Diskussionen oder Videoaufführungen zum Leitthema finden nicht statt. Open Space kann nicht ersatzweise für Seminare, Trainings oder Informationsveranstaltungen stattfinden. Die Teilnehmenden sollen von Beginn an Verantwortung für die Inhalte und den Ablauf der Veranstaltung übernehmen.

❖ **Keine Unterbrechung mit anderen Methoden**
   Open Space sollte in seiner Vollständigkeit durchgeführt werden. Es sollte nicht durch andere Methoden unterbrochen werden. Es besteht dabei die Gefahr, dass die Teilnehmenden ihre selbstverantwortliche Rolle verlassen, sich für den Prozess weniger verantwortlich fühlen und wieder in eine konsumierende Haltung zurückkehren.
   Es ist jedoch möglich, Open Space als Baustein in andere Methoden einzubetten. Beispielspielsweise in eine dreitägige Konferenz: Der erste Tag ist traditionell mit Vorträgen, Diskussionen etc. gestaltet. Der zweite und dritte Tag ist ein Open Space. Oder zum Beispiel in eine dreitägige Fortbildung: Die ersten beiden Tage sind strukturierte Seminartage zur Wissensvermittlung und zum Praxistransfer. Der dritte Tag ist ein Open Space. Fragen können geklärt, eigene Ideen zum Thema eingebracht und Lerngruppen gebildet werden.

❖ **Keine Konfliktbewältigungsmethode**
Open Space ist geeignet, um konfliktäre Themen zu behandeln. Doch ist diese Methode nicht zur Schlichtung von Konflikten zweckmäßig. Dazu bedarf es mehr Steuerung, als dies bei Open Space möglich ist.

Erfolgsvoraussetzungen	Grenzen
❖ Persönliche Betroffenheit der Teilnehmer ❖ Dringender Handlungsbedarf ❖ Heterogene Zusammensetzung ❖ Freiwilligkeit der Teilnahme ❖ Komplexes und konfliktäres Leitthema ❖ Offenheit der Organisationsleitung ❖ Lösungsansätze für die Situation unbekannt ❖ Weiter Diskussionsspielraum durch offene Leitthemen-Formulierung ❖ Einladung ❖ Gute logistische Organisation ❖ Vorbereitung der Teilnehmenden auf die selbstverantwortliche Rolle Ferner für den Prozess: ❖ Kontrolle abgeben	❖ Keine Realisierungsmöglichkeit der Ergebnisse ❖ Keine vordefinierten Ziele oder Strategieentwürfe ❖ Keine Wissensvermittlung ❖ Keine Unterbrechung mit anderen Methoden ❖ Keine Konfliktbewältigungsmethode

Zusammenfassung

Der Open Space-Einsatz ist möglich und erprobt für jegliche Form von Organisationen oder Institutionen. Wichtige Überlegungen für den Einsatz sind, ob die persönliche Betroffenheit der Teilnehmenden vorhanden ist, ein dringender Handlungsbedarf besteht und unterschiedliche Personen benötigt werden, um ein vielfältiges Ergebnis zu entwickeln.

In Abhängigkeit der Komplexität der Situation kann Open Space einmalig, wiederholt oder periodisch genutzt werden. Die Erfolgsvoraussetzungen und Grenzen von Open Space sollten bei der Entscheidung einer Durchführung berücksichtigt werden.

3 Open Space: Der Werkzeugkasten

Nachrichtenwand

Unsere Arbeits-
abläufe besser
koordinieren

| Verwandte Berichte | Zusätzliche Maßnahmen |

Thema der Arbeitsgruppe

Inhalte

Ziele/Wünsche

Maßnahmen/
Empfehlungen

Einberufer/Mitwirkende

Vier Leitlinien ...

• Wer kommt, ist die richtige Person.
• Offenheit für das, was passiert.
• Es beginnt, wenn die Zeit reif ist.
• Vorbei ist vorbei.

... und ein Gesetz.
„Gesetz der zwei Füße."

Vier Leitlinien ...

• Wer kommt, ist die richtige Person.
• Offenheit für das, was passiert.
• Es beginnt, wenn die Zeit reif ist.
• Vorbei ist vorbei.

... und ein Gesetz.

„Gesetz der zwei Füße."

Gesetz
der zwei
Füße

• Wer kommt, ist die richtige Person.
• Offenheit für das, was passiert.
• Es beginnt, wenn die Zeit reif ist.
• Vorbei ist vorbei.

3.1 Details einer Open Space-Veranstaltung

Räumlichkeiten

Heller großer Raum und Stuhlkreis

Open Space bedeutet offener Raum – dies ist nicht nur im übertragenen Sinne zu verstehen. Denn für Open Space-Veranstaltungen ist ein großer, heller und freundlicher Raum als Plenumsraum unbedingt notwendig. Mitten in diesem Raum befindet sich ein Stuhlkreis. In der Mitte dieses Kreises liegen auf dem Boden mehrere Stapel DIN-A3-Blätter und eine Anzahl dicker Stifte.

An den Wänden hängen Plakate, auf denen gemalte Schmetterlinge und Hummeln abgebildet sind sowie gezeichnete Füße und einige Sätze. Da steht zum Beispiel »*Wer kommt, ist die richtige Person*« oder »*Es beginnt, wenn die Zeit reif ist*«. Ebenfalls an der Wand befindet sich die Zeit- und Raumtafel und an einer anderen Wand ein Schild mit dem Wort »*Nachrichtenwand*«.

In einer Ecke des Plenumsraumes stehen mehrere Tische mit der Ausstattung für die Dokumentation der Veranstaltungsergebnisse: einige PCs sowie ein Drucker. Auf einem weiteren Tisch an der anderen Seite des Raumes befindet sich das Arbeitsmaterial: Papier, Stifte, Pinwandkarten usw. Die Verpflegung ist direkt am Eingang im Plenumsraum platziert sowie der Servicetisch mit der Teilnehmerliste und den Namensschildern..

Verschiedene Räume anbieten

Die Veranstaltungsstätte muss genügend Innen- und Außenräume zum »Ausschwärmen« der Arbeitsgruppen haben. Die Arbeitsgruppen sollen die Wahl haben, sich für eine der Räumlichkeiten zu entscheiden, in der sie produktiv lernen können. Daher ist die Vielfalt der angebotenen »Räume« von großer Bedeutung.

Solche Räumlichkeiten zum Ausschwärmen können sein: separate Zimmer, vorbereitete Arbeitsecken im Plenumsraum bzw. in einem anderen größeren Raum oder im Vorraum. Bei gutem Wetter und schöner Umgebung bietet sich auch ein Platz auf der Wiese an. Alle diese Arbeitsbereiche sind mit Stellwänden und den dazugehörenden Arbeitsmaterialien wie Stiften, Nadeln, DIN-A4-Papier und Pinwandkarten ausgestattet. Auch hier hängen Plakate mit Schmetterlingen, Hummeln und den Leitlinien.

Der Plenumsraum

Zeit- und Raumtafel

Die Zeit- und Raumtafel zeigt die Struktur der Veranstaltung

Aufbau der Zeit- und Raumtafel: Die Zeit- und Raumtafel ist elementar für eine Open Space-Veranstaltung. Gäbe es sie nicht, wüssten die Teilnehmenden nicht, zu welchen Themen sie wann und wo arbeiten sollten. Sie gleicht einer Matrix. Auf der Horizontalen sind die Arbeitsräume durch Buchstaben gekennzeichnet und auf der Vertikalen die Zeiteinheiten für die Workshops angegeben.

Die Länge und Breite der Zeit- und Raumtafel bemisst sich nach Anzahl der Teilnehmenden und Dauer der Veranstaltung. Bei einer mehrtägigen Veranstaltung gibt es für jeden Tag eine eigene Zeit- und Raumtafel. Nehmen beispielsweise 20 Personen an einer eintägigen Open Space-Veranstaltung teil, wird deren Veranstaltungsprogramm auf der Zeit- und Raumtafel ungefähr drei Meter lang sein. 100 Personen werden dagegen für eine drei Tage dauernde Veranstaltung etwa zwölf Meter für ihre Zeit- und Raumtafel benötigen. Bei einer Open Space-Veranstaltung in Frankreich mit 950 Personen war die Zeit- und Raumtafel über 30 Meter lang.

Manchmal sind die Teilnehmenden bei der Themensammlung äußerst aktiv. Die Kette der Themen scheint kein Ende zu nehmen und die Zeit- und Raumtafel ist gefüllt, bevor alle ihr Thema vorschlagen konnten. Im Vorfeld ist es daher schwierig abzuschätzen, ob die Anzahl der vorbereiteten Gruppenräume ausreicht, denn man weiß nie, wie viele Themen benannt werden. Wichtig ist, dass jeder die Möglichkeit hat, einen Workshop durchzuführen. Es ist daher sinnvoll, immer einige Matrixfelder in der Zeit- und Raumtafel vorzubereiten, die keinem Raum zugeordnet sind. Wenn mehr Themen vorgeschlagen werden, als die Zeit- und Raumtafel mit den ausgezeichneten Räumen fassen kann, können die Einberufer dieser Themen auf diese freien Matrixfelder ausweichen und einen Raum nach ihrem Belieben benennen. Das kann unter anderem der Speisesaal, das Foyer oder die Gartenanlage der Tagungsstätte sein.

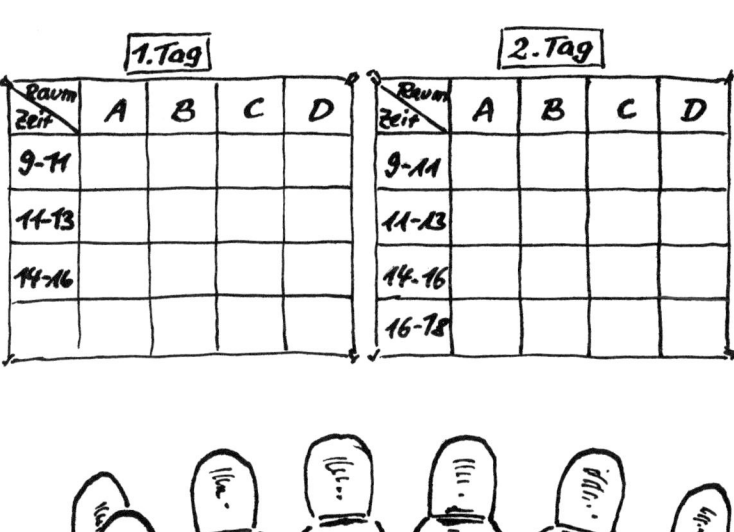

Diese Maßnahme ist bedeutsam, um die Motivation der Teilnehmenden von Anfang an hoch zu halten. Eine Begrenzung der Workshop-Anzahl aufgrund mangelnder Gruppenräume wäre dann vor allem für die nicht zum Zuge gekommenen Teilnehmenden demotivierend. Potenziale gingen hier unnötig verloren.

Die Dauer der einzelnen Workshop-Einheiten bewegt sich zwischen 75 und 120 Minuten. Sie ist abhängig von der Gruppengröße, dem Beginn der Veranstaltung, der Tageszeit und der Dauer der Veranstaltung.

Workshop-Dauer
75–120 Minuten

In dieser Zeitspanne haben die Teilnehmenden genügend Zeit, sich in den Gruppen einzufinden, zu arbeiten, ihre Protokolle zu schreiben und Pause zu machen. Bei einer Open Space-Veranstaltung mit einer geringen Teilnehmerzahl von beispielsweise 20 Personen sind 75 Minuten ausreichend. Kleinere Arbeitsgruppen brauchen weniger Zeit, sich in den Gruppen zu sammeln und das Thema des Workshops zu bearbeiten. Ist die gesamte Teilnehmerschaft sehr groß, etwa ab 200 Personen, liegen die Workshop-Einheiten vorzugsweise bei zwei Stunden.

Verantwortung und Leidenschaft für die Anliegen

Themen sammeln: An die Zeit- und Raumtafel kommen die Themen zum Leitthema, zu denen die Anwesenden mit einer Gruppe arbeiten möchten. Themen also, für die die Teilnehmenden Verantwortung übernehmen möchten, für die sie Leidenschaft haben und die ihnen am Herzen liegen. Aspekte, die sie schon lange mit anderen besprechen wollten oder zu denen sie sich Rat und Ideen einholen wollen. Auch Themen, zu denen Teilnehmer ihr Wissen an andere weitergeben möchten, sind willkommen. *»Alle können etwas zur Verbesserung der Situation beitragen, alle sind wichtig. Denn Sie sind die Experten dieser Veranstaltung.«*

Verantwortung zu übernehmen bedeutet, für das Thema eine Zeit und einen Raum zu wählen, den Workshop einzuberufen, das Thema zu bearbeiten und die Dokumentation zu sichern.

»Ritual« der Themennennung

Diejenigen, die ein Thema vorbringen möchten, formulieren im Stillen zuerst dazu einen Titel. Dann gehen Sie in die Mitte des Kreises und schreiben diesen Titel sowie den eigenen Namen auf ein dafür bereitliegendes DIN-A3-Themenblatt.

Themenblatt

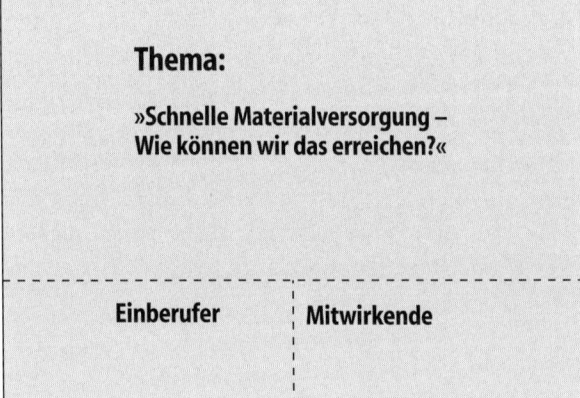

Wenn das getan ist, stellen die Einberufer, noch im Kreis bleibend, den anderen ihr Thema und ihren Namen vor. Daraufhin gehen sie zur Zeit- und Raumtafel, suchen sich eine Zeit und einen Raum für ihren Workshop aus und heften ihr Blatt in das entsprechende Feld. Jeder Teilnehmende kann so viele Workshop-Themen vorschlagen, wie er oder sie möchte.

Es ist wichtig, dieses »Ritual« der Themennennung genau zu erklären, da es häufig »unvollständig« abläuft. Zum Beispiel nehmen Teilnehmer aus der Mitte des Kreises ein Blatt mit an ihren Platz und beschreiben es dort. Oder sie vergessen, ihren Namen auf das Blatt zu schreiben, obwohl ein Feld dafür vorgesehen ist. Ihnen entfällt, ihr Thema und ihren Namen der gesamten Gruppe vorzustellen. Da die Betroffenen möglicherweise Stress empfinden, wenn sie in das Kreisinnere gehen, erscheint oftmals die an sich einfache Abfolge der Arbeitsschritte kompliziert.

Diese »Strapaze« der Themennennung ist gewollt. So ist Folgendes gewährleistet:

*Gewollte
Konsequenzen
des »Rituals«*

- ❖ **Nur wirklich wichtige Themen werden vorgeschlagen.**
  In die Mitte des Kreises zu gehen kommt fast einer Mutprobe gleich. Nur wer zu seinem Thema steht, wagt sich in die Mitte. Dadurch werden nur Themen behandelt, die den Mitarbeitern in Bezug auf das Leitthema wichtig sind. Nichtrelevante Themen werden nicht vorgeschlagen. Den vorgeschlagenen Themen kommt dadurch eine hohe Akzeptanz der Teilnehmenden zu. Dies gewährleistet die spätere praktische Umsetzung in der Organisation.
- ❖ **Die Verbindung zwischen Person und Workshop-Thema wird hergestellt.**
  Bei der Vorstellung des Themas und Namens werden die Einberufer mit Ihrem Thema in Verbindung gebracht und zeigen sich für die Einberufung ihres Workshops verantwortlich.
- ❖ **Die Aufmerksamkeit wird gehalten.**
  Die Aufmerksamkeit der Teilnehmer bleibt durch die aufeinander folgenden Vorstellungen erhalten.
- ❖ **Alle Teilnehmer wissen, welche Themen bereits benannt wurden.**
  Es werden keine Themen doppelt vorgeschlagen.
- ❖ **Die Selbstbestimmung wird angeregt.**
  Neben der Ernennung eines eigenen Workshop-Themas müssen die Einberufer überdenken, wann und wo sie ihren Workshop durchführen möchten.

Nachrichtenwand

Zu Beginn der Veranstaltung sieht die Nachrichtenwand eher unspektakulär aus. Sie ist leer und nur ein Schild weist darauf hin, dass hier etwas passieren wird. Auf der Nachrichtentafel erscheinen später die Protokolle der einzelnen Arbeitsgruppen. Die Nähe zur Verpflegung hat sich als ein optimaler Standort dafür herausgestellt. Denn dort ist der zentrale Treffpunkt. Hier wird beim Essen über die letzten Workshops geredet. Ein Blick auf die Nachrichtentafel ergibt sich dabei fast automatisch. Fast zeitgleich mit den Workshops wird die Nachrichtenwand gefüllt, Schritt für Schritt mit den frisch hergestellten Protokollen.

Die Workshop-Protokolle werden auf der Nachrichtenwand veröffentlicht.

Dokumentation

Sie kennen es bestimmt: Sie waren bei einer Veranstaltung, deren Dokumentation erst einige Zeit nach der Veranstaltung per Post an die Teilnehmenden versandt werden soll. Sie warten Tage und Wochen und können schon froh sein, wenn Sie die Veranstaltungsunterlagen erhalten, bevor Sie die Veranstaltung vergessen oder sich die Informationen anderweitig beschafft haben.

Beim Open Space gehört es pflichtgemäß dazu, die Dokumentation der Workshops in Form von Protokollen zeitgleich mit den Workshops zu erstellen. Diese werden zu einem Dokumentationsband zusammengefasst und noch vor Veranstaltungsende an alle Teilnehmenden verteilt.

Bedeutung der Dokumentation

Die Dokumentation ist ein elementarer Bestandteil der Veranstaltung

Der Dokumentation kommt eine wichtige Rolle zu:

❖ Sie ist die **Quelle aller Informationen**. Jeder Teilnehmer kann sich parallel zu den durchgeführten Workshops informieren. Eine gemeinsame Informationsbasis wird geschaffen.
❖ Wenn die Protokolle bzw. Berichte an der Nachrichtenwand hängen, können **nachträglich Hinweise** oder Empfehlungen eingetragen werden – auch von Personen, die an dem entsprechenden Workshop nicht teilgenommen haben. Damit wird die Beteiligung aller an jedem Workshop-Thema gefördert.
❖ Die Teilnehmer erstellen selbst die Dokumentation. Auf diese Weise wird die **Verantwortlichkeit** der Teilnehmenden und die **Akzeptanz** der Ergebnisse begünstigt.
❖ Wenn am Ende der Veranstaltung die Ergebnisse **gewichtet** werden, benötigen die Teilnehmenden dazu die Dokumentationsbände.
❖ Die am Ende der Veranstaltung entstehenden Gruppen, die die **Umsetzung** der Ergebnisse im Unternehmen bzw. in der Organisation planen, benötigen die Dokumentation, um fortführende Maßnahmen zu gestalten.

Die Dokumentation ist also elementarer Bestandteil einer Open Space-Veranstaltung. Sie signalisiert Verantwortung und sichert die Ergebnisse. Sie ist nicht nur ein Nebenprodukt, sondern ein Ergebnis der Veranstaltung! Um den Stellenwert der Dokumentation zu betonen, befinden sich die zur Erstellung benötigten Computer und Drucker im Plenumsraum. Die Berichte werden somit in den gesamten Prozess eingebunden.

Protokollvorlage

Die Dokumentation sollte einheitlich gegliedert, schnell erfassbar und überschaubar sein. Darüber hinaus soll sie sich als qualitativ gutes Basismaterial für die Umsetzung der Ergebnisse eignen. Mittels einer Protokollvorlage wird versucht, diese Anforderungen zu erfüllen. Auf dieser Vorlage finden sich folgende Gliederungspunkte:

Die Vorlage fördert die Qualität der Protokolle

- ❖ Thema der Arbeitsgruppe,
- ❖ Inhalte des Workshops,
- ❖ Ziele oder Wünsche der Gruppe bezüglich ihres Workshop-Themas,
- ❖ Maßnahmen oder Empfehlungen zur Erfüllung der Ziele oder Wünsche,
- ❖ Einberufer oder Einberuferin,
- ❖ Mitwirkende der Arbeitsgruppe.

Das Thema einer Gruppe kann zum Beispiel die Verbesserung des Vorschlags-wesens sein. Denkbare Inhalte dieses Workshops wären: wie das Vorschlags-wesen zurzeit aufgebaut ist, wer beteiligt ist, welches Belohnungssystem es gibt, was nicht so gut läuft, was verbessert werden sollte und vieles mehr. Ein Ziel könnte in diesem Fall sein, das Vorschlagswesen dezentral pro Abteilung oder Filiale zu organisieren. Mögliche Maßnahmen oder Empfehlungen zur Erreichung dieses Zieles wären beispielsweise »Absprache mit den derzeitigen Zuständigen«, »Ausarbeitung von Für- und Wider-Argumenten eines dezen-tralen Vorschlagswesens« und »Ausarbeitung eines Konzeptes«.

Protokollvorlage für Veränderungsprozesse

Die Protokollvorlage soll das Dokumentieren der Workshop-Inhalte erleich-tern. Darüber hinaus erhalten die Teilnehmenden eine Orientierung für die Arbeit am Workshop-Thema. Es wird nicht nur über das Thema »geplau-dert«, sondern zielgerichtet an Veränderungsvorschlägen gearbeitet.

Ferner soll verhindert werden, dass sich die Teilnehmenden überfordert fühlen. Denn Open Space selbst fordert die Teilnehmer, da es für die meisten eine ungewohnte Methode ist. Ungewohnt ist vor allem, in selbst bestimmten Arbeitsgruppen zu arbeiten, sich nach eigenem Engagement den verschiede-nen Gruppen zuzuordnen und so lange in einer Gruppe zu bleiben, wie man etwas beitragen oder lernen möchte. Es bedarf einer gewissen Gewöhnungs-zeit, mit Open Space selbstbewusst zu arbeiten. Besonders in dieser Phase ist es daher wichtig, den Betroffenen Sicherheit zu bieten, damit sie produktiv arbeiten können.

Bei Open Space-Veranstaltungen, in denen der Informationsaustausch zum Leitthema im Vordergrund steht, die Umsetzung der Ergebnisse aber nachrangig ist, reicht eine verkürzte Version der Protokollvorlage. Die Gliederungspunkte sind hier:

- ❖ Thema der Arbeitsgruppe,
- ❖ Inhalte/Ziele/Empfehlungen/Vereinbarungen,
- ❖ Einberufer oder Einberuferin,
- ❖ Mitwirkende der Arbeitsgruppe.

*Verkürzte Version
der Protokollvorlage*

Zusammenkünfte dieser Art können zu aktuellen Themen durchgeführt werden. Verschiedene Interessengruppen nehmen teil und tauschen sich über ihre Anliegen zum Leitthema aus. Nach solchen Veranstaltungen, die in der Regel nur einen Tag dauern, gehen die Teilnehmenden wieder ihre eigenen Wege. Die erarbeiteten Ergebnisse können natürlich in die eigene Organisation getragen werden. Es werden jedoch keine Umsetzungsgruppen dafür gebildet. Der Dokumentationsband muss nur bedingt als Arbeitsunterlage für Veränderungsprozesse herhalten. Der Gedankenaustausch ist hier oberstes Ziel.

Dokumentation erstellen

Die Teilnehmer protokollieren ihre Ergebnisse selbst

Für die Dokumentation sind in erster Linie die Workshop-Einberufenden zuständig. Sie haben mit der Benennung ihres Themas für ihren Workshop die Verantwortung übernommen und sollen die Ergebnisse auch dokumentieren. Das heißt nicht, dass sie das Protokoll unbedingt selbst schreiben müssen, jedoch sollten sie dafür Sorge tragen, dass jemand aus der Gruppe diese Aufgabe übernimmt. Manchmal erstellen sogar zwei oder drei Personen gemeinsam ein Protokoll.

Zunächst werden die Protokolle in den Workshops handschriftlich geschrieben. Sobald die Workshops beendet sind, übertragen die Protokollanten die Daten in die PCs. Eingabefelder in der Maske vereinfachen die Dateneingabe. Zur Unterstützung bei der PC-Anwendung ist das Dokumentationsteam zur Stelle. Tippen muss jeder Protokollant seinen Bericht selbst.

Die Protokolle werden vom Dokumentationsteam auf DIN-A3-Papier vergrößert, mit einer Seitenzahl versehen und an die Nachrichtenwand geheftet. Am Vorabend des letzten Tages der Open Space-Veranstaltung werden die einzelnen Protokolle zu einem Dokumentationsband zusammengefügt und für alle Teilnehmenden vervielfältigt.

Manche Auftraggeber können die Bereitstellung mehrerer Computer nicht gewährleisten. In solchen Fällen müssen die handschriftlichen Unterlagen ausreichen. Wichtig ist dann, darauf hinzuweisen, wie bedeutsam eine leserliche Handschrift für die Qualität der Protokolle ist. Außerdem sollten die Protokolle *kekk* sein: *k*urz, *e*infach, *k*lar und *k*nackig.

Bitte kekk: kurz, einfach, klar und knackig!

Dokumentations- bzw. Logistikteam

Das Dokumentations- bzw. Logistikteam übernimmt, wie der Name schon sagt, alle Aufgaben bezüglich der Dokumentation und Logistik. Diese Personen helfen, die Räumlichkeiten herzurichten und diese am Abend wieder aufzuräumen. Sie achten darauf, dass die Arbeitsgruppen genügend Arbeitsmaterial haben und die Verpflegung bereitsteht. Sie assistieren bei der Eingabe der Dokumentation in die Maske, pflegen die Nachrichtenwand und stellen die Dokumentationsbände zusammen.

Das Team hilft bei der Dokumentation und Logistik

Wie viele Teammitglieder für diese Aufgaben benötigt werden, ist von folgenden Faktoren abhängig:

❖ Größe der gesamten Teilnehmerschaft,
❖ Dokumentation nur handschriftlich oder per Computer,
❖ Länge der Veranstaltung,
❖ Service der Veranstaltungsstätte für die Verpflegung und die Räumlichkeiten.

Je mehr Teilnehmer bei einer Veranstaltung anwesend sind, desto größer ist natürlich der Bedarf an Hilfskräften. Gleiches gilt, wenn die Veranstaltung nur einen Tag dauert und der Dokumentationsband am selben Tag an die Teilnehmer verteilt werden soll. Auch wenn seitens der Veranstaltungsstätte kein oder nur ein minimaler Service angeboten wird, wird ein größeres Logistikteam benötigt.

Nehmen beispielsweise 100 Personen an einer eintägigen Veranstaltung teil, die Dokumentation wird handschriftlich erstellt und es gibt seitens der Veranstaltungsstätte kaum Unterstützung für die Verpflegung und die Räumlichkeiten, werden vier bis fünf Hilfskräfte benötigt. Bei einer Veranstaltung mit gleicher Personenzahl über drei Tage mit computerunterstützter Dokumentation und einem umfangreichen Service der Veranstaltungsstätte sind zwei Personen ausreichend.

Arbeitsmaterial

Ideen, Beiträge
und Anregungen
visualisieren

Das Arbeitsmaterial wird überwiegend für die Gruppenarbeit benötigt. Die Teilnehmenden haben jederzeit die Möglichkeit, ihre Ideen, Beiträge, Anregungen etc. auf einer Stellwand oder einem Flipchart darzustellen. Das Standardmaterial ist minimal. Es besteht aus

- ❖ Klebeband,
- ❖ Moderationsmarkern bzw. dicken Stiften,
- ❖ Stellwänden oder Flipcharts und dazugehöriges Papier.

Es befindet sich bereits in den Arbeitsbereichen, noch bevor die Teilnehmenden mit der Arbeit begonnen haben.

Für den kreativen Teil der Veranstaltung ist es empfehlenswert, die Standardausstattung etwas zu erweitern. Zum bereits erwähnten können beispielsweise noch hinzukommen:

- ❖ Pinwandkarten in verschiedenen Farben, Formen und Größen,
- ❖ Nadeln, DIN-A4-Papier in verschiedenen Farben,
- ❖ Schreiber.

Mengenorientierungen finden Sie im vierten Kapitel unter dem Punkt *Logistik* (siehe Seite 106).

Pausen und Verpflegung

Pausen sind, mit Ausnahme der Mittagspause, für die ersten beiden Tage einer Open Space-Veranstaltung ausdrücklich nicht festgelegt. Gemäß den Leitlinien »Es beginnt, wenn die Zeit reif ist« und »Vorbei ist vorbei« sollen die Teilnehmenden selbst ihre Pausen bestimmen.

Die Pausen bestimmen die Teilnehmenden

Mit Blick auf eigenverantwortliches und selbst bestimmtes Handeln sowie effektives Lernen ist die Wahl und Zeit der Bereitstellung der Verpflegung von großer Bedeutung. Die Arbeitsgruppen werden darin unterstützt, je nach individuellem und allgemeinem Bedürfnis ihre Diskussionen so lange zu führen, wie sie es wünschen. Die Teilnehmer sollen sowohl den Zeitpunkt ihrer Essenseinnahme als auch die Gerichte möglichst frei bestimmen können. Um diese Wahlfreiheit zu gewähren, ist ein über mehrere Stunden bereitstehendes abwechslungsreiches Büfett empfehlenswert.

Der optimale Standpunkt dafür ist im Plenumsraum direkt an der Nachrichtentafel. Denn der Plenumsraum ist das Zentrum des Geschehens. Hier beginnt die Veranstaltung, hier werden die Protokolle geschrieben, hier essen und trinken die Teilnehmenden und unterhalten sich oder informieren sich an der Nachrichtenwand über die neusten Nachrichten. Abends und morgens finden hier die gemeinsamen Runden statt. Das Essen wird als Mittel eingesetzt, sich näher zu kommen, Gespräche über die einzelnen Themen, über die Inhalte der verschiedenen Arbeitsgruppen zu führen und Hemmungen abzubauen.

Trinken und Essen ist jederzeit möglich

An dieser Stelle soll noch einmal an *Harrison Owen* erinnert werden, der Open Space aus dem Impuls heraus entwickelte, eine Methode zu schaffen, die den produktiven Gesprächen in den Kaffeepausen einer konventionellen Konferenz gleichkommt.

Eine durchgängige Verpflegung durchzusetzen und das »auch noch« im Plenumsraum, ist nicht immer einfach. Hier spielen die Kosten, die Organisation sowie eingefahrene Gewohnheiten eine Rolle. Mancher Auftraggeber scheut die Kosten der Verpflegung oder sieht nicht ein, warum die Teilnehmenden die ganze Zeit über »verwöhnt« werden sollen. Manchmal bestehen die Grenzen seitens der Tagungsstätte, die ihre gesamte Logistik dadurch auf den Kopf gestellt sieht. In diesen Fällen ist es besonders wichtig, die Gründe dafür genau zu erläutern. In der Regel findet sich aber immer eine Lösung.

3.2 Drei Tage Open Space

Der erste Tag: Was erwartet die Teilnehmenden?

Die erste Stunde

Die erste Stunde ist entscheidend für den Erfolg einer Open Space-Veranstaltung. Sie bestimmt die Inhalte und den Veranstaltungsverlauf. Hier wird die Methode erklärt und das Veranstaltungsprogramm aufgestellt. In dieser Stunde schwankt die Stimmung von unsicher und skeptisch bis erheiternd, wenn die Teilnehmer ihre Workshop-Themen vorgeschlagen haben.

Ablaufplan 1. Tag

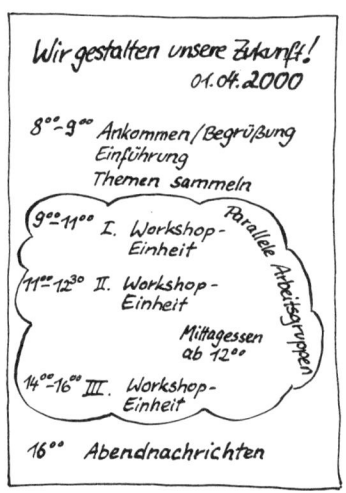

Der Moderation kommt hier eine wichtige Aufgabe zu. Wenn die Moderatorin die Open Space-Methode erläutert, sollte dies so geschehen, dass die Betroffenen eine gewisse Sicherheit in der Anwendung erlangen. Gleichzeitig soll die Erklärung aber so kurz sein, dass sie die Teilnehmer in ihrer Spannung behält, die später für die Themensammlung genutzt wird. Erfahrungsgemäß dauert die Anmoderation ungefähr 20 bis 30 Minuten.

Die Themensammlung geht in der Regel sehr schnell. Planen Sie dafür etwa 10 bis 30 Minuten ein. Schätzungsweise brauchen 20 Personen 10 Minuten und 300 Personen 30 Minuten, um ihre Themen vorzuschlagen. Dann ist der »Marktplatz« eröffnet. Das heißt, jetzt können sich die Teilnehmer in die Workshops ihrer Interessen eintragen und danach in die Gruppen gehen. Wie eine große Traube stehen die Teilnehmenden vor der Zeit- und Raumtafel. Es dauert einige Minuten, bis sich alle eingetragen haben. Oft wird hier bereits darüber diskutiert, Themen zu einem Workshop zusammenzulegen oder zeitlich zu verschieben.

Haben sich die Teilnehmenden in die Workshops ihrer Interessen eingetragen, beginnt die Phase parallel laufender Arbeitsgruppen. Praktisch überall finden Workshops statt: in den dafür vorbereiteten Arbeitsbereichen, draußen auf der Wiese, im Raucherbereich oder einfach vor dem Büfett im Stehen und beim Essen. Es gibt keine räumlichen Grenzen für die Arbeitsgruppen. Das notwendige Arbeitsmaterial wird einfach zu dem gewünschten Arbeitsraum mitgenommen, wenn es dort nicht schon bereitliegt. Die Stimmung ist gut, die Motivation hoch.

Parallele Arbeitsgruppen

Am ersten Tag gibt es drei Workshop-Einheiten zu anderthalb bis zwei Stunden, eine Einheit am Vormittag und zwei am Nachmittag. Zwischen den Workshops ist viel los im Plenumsraum. Es wird gegessen, getrunken, über den letzten Workshop geredet, die Protokolle werden geschrieben und gelesen.

Abendnachrichten –
Ende des Tages

Zum Ende des Tages werden die Teilnehmenden zu den »Abendnachrichten« gebeten. Mit den Abendnachrichten wird das Beisammensein der Gruppe gewürdigt. Neue Themen können vorgeschlagen und organisatorische Belange angesprochen werden. Teilnehmer können über Ereignisse des Tages reflektieren oder Verabredungen bezüglich der Workshops treffen. Oft wird in dieser Phase auch die Arbeitsweise kommentiert. Die meisten Menschen empfinden Open Space als befreiend und arbeitsfördernd. Sie sind erstaunt über die eigenen guten Ergebnisse.

Lange Diskussionen oder der Austausch über Workshop-Inhalte werden aber vermieden. Bei einer großen Gruppe würde das unaufhaltsame Ausmaße annehmen. Den Raum dafür gibt es eher zwischen den Workshops oder beim Essen.

Praktisch sehen die Abendnachrichten so aus, dass nach der Moderation das Mikrofon in die Mitte des Stuhlkreises gelegt wird. Wer sich äußern möchte, holt es sich aus der Mitte und spricht entweder von der Mitte oder vom Platz aus. Danach wird das Mikrofon wieder zurück in die Mitte des Stuhlkreises gelegt. Bei einer Teilnehmerzahl unter 70 Personen wird keine technische Verstärkung gebraucht. Die Teilnehmenden reden vom Platz aus.

»Jede Bemerkung ist richtig und wird von den anderen mit Aufmerksamkeit honoriert«, eine Regel, die für die Abendnachrichten sowie auch für die am nächsten Morgen stattfindende »Morgenankündigung« gilt.

Der zweite Tag: Lebendiges Arbeiten

Ablaufplan 2. Tag

8⁰⁰–8³⁰ Morgenankündigung

8³⁰–10³⁰ IV. Workshop-Einheit

10³⁰–12⁰⁰ V. Workshop-Einheit

13³⁰–15⁰⁰ VI. Workshop-Einheit

15⁰⁰–16³⁰ VII. Workshop-Einheit

Parallele Arbeitsgruppen

Redaktionsschluss

16³⁰ Abendnachrichten

Der zweite Tag beginnt mit der Morgenankündigung im Plenum. Die gesamte Gruppe hat wie am Vorabend die Möglichkeit, organisatorische Belange zu klären und neue Workshops vorzuschlagen. Der Unterschied zu den Abendnachrichten besteht darin, dass Erlebtes kaum reflektiert wird. Zum einen, weil der zweite Tag gerade erst beginnt, und zum anderen, weil die Gruppe »schwungvoll« an die Arbeit gehen soll. Die Stimmung ist gut. Die Teilnehmenden wissen, was sie erwartet. In der Regel dauert die Morgenankündigung maximal 30 Minuten.

Morgenankündigung

Vier Zeiteinheiten sind für den zweiten Tag geplant, also eine mehr als am ersten Tag. Die Erfahrung hat gezeigt, dass die Motivation zur Arbeit am zweiten Tag noch höher ist als am ersten. Der Geräuschpegel ist gestiegen und die Teilnehmenden schreiben unaufhaltsam ihre Protokolle. Es wird gelacht; die Beteiligten haben Spaß. Bei schönem Wetter werden viele Workshops im Freien gehalten. Eine ungezwungene Atmosphäre ist spürbar; lebendiges Arbeiten charakterisiert diese Phase.

Wieder parallele Arbeitsgruppen

Am zweiten Tag haben sich die Teilnehmenden an die Arbeitsweise mit Open Space gewöhnt. Sie bewegen sich selbstsicher von Gruppe zu Gruppe, arbeiten überall so lange mit, wie sie es wünschen. Die Zeit- und Raumtafel verändert sich. Gestern vorgeschlagene Themen werden heute fortgeführt. Themen werden zusammengelegt, andere entfallen. Neue Themen kommen hinzu, die aus dem Impuls der vorangegangenen Arbeitsgruppen gewachsen sind. Die Nachrichtenwand füllt sich deutlich. In der Regel stehen mehr Leute als am Vortag davor und diskutieren die Ergebnisse.

Die Moderatorin ist am zweiten Tag kaum sichtbar. Nach der Morgenankündigung tritt sie in den Hintergrund und überlässt die Teilnehmenden sich selbst. Sie vervielfältigt Protokolle, räumt das gebrauchte Geschirr weg und ist »präsent«.

Auch der zweite Tag wird mit den Abendnachrichten beschlossen. Die Teilnehmenden kennen die Funktion der Abendnachrichten bereits und werden in der Moderation nur sehr kurz darauf hingewiesen: »*Sie wissen, worum es hier geht, dann kann es losgehen.*« Schritt für Schritt wird den Teilnehmenden mehr Verantwortung für das Geschehen übergeben.

Die Teilnehmenden füllen den Raum mit ihren Aussagen zum Erlebten und zu organisatorischen Anliegen. Sogar anfangs eher schüchterne Personen treten nun vor und äußern ihre Eindrücke. Viele bezeugen die starke Kommunikationsbereitschaft der gesamten Gruppe, die Arbeitsintensität und den Willen zur Veränderung. Der Wunsch, dies mit in das Unternehmen zu tragen, ist greifbar. Das Ende der Abendnachrichten beschließen die Teilnehmenden im besten Fall selbst.

Der Abend des zweiten Tages ist gleichzeitig Redaktionsschluss für die Dokumentation. Bis dahin müssen alle Protokolle erstellt sein. Sie werden zu einem Dokumentationsband zusammengefasst, mit einem Inhaltsverzeichnis versehen und vom Dokumentationsteam für alle Teilnehmenden vervielfältigt.

Der dritte Tag: Ergebnisse sichern!

Ergebnisse sichern, damit es danach weitergeht

Die Durchführung einer Open Space-Veranstaltung bewirkt an sich schon einen Veränderungsschub. Die Teilnehmenden genießen es, selbst bestimmt zu arbeiten und selbstverantwortlich für das eigene Unternehmen etwas bewirken zu können. Damit jedoch die entstandene Ideenvielfalt nach einer Veranstaltung, die Energie zum Arbeiten und zur Veränderung sowie die Identifikation der Teilnehmenden mit den Ergebnissen nicht nur ein einmaliges Erlebnis bleiben, muss es weitergehen. Dem Impuls, gemeinsam Erarbeitetes umzusetzen, muss nachgegangen werden.

In den ersten beiden Tagen wurden Anregungen, Ideen, Lösungsvorschläge zum Leitthema erarbeitet. Nun, am dritten Tag, werden diese Ergebnisse gesichert. Dieser Tag ist anders gegliedert als die vorangegangenen. Von der Moderatorin oder vom Moderator strukturiert und gesteuert, werden klare Ziele verfolgt: An diesem Tag gilt es,

❖ die Workshop-Themen und Maßnahmen zusammenzuführen,
❖ die Umsetzung der Ergebnisse in der Organisation anzuregen und
❖ Verbindlichkeit seitens der Teilnehmenden herzustellen.

Für die anstehenden Aufgaben werden an diesem Tag etwa zweieinhalb Stunden veranschlagt, zuzüglich der Morgen- und Abschlussrunde. Die Veranstaltung ist gegen Mittag beendet. Ein halber Tag ist, mit Blick auf die verbleibende Energie der Teilnehmenden, sinnvoll und ausreichend.

Je nachdem, wie die Variablen Veranstaltungsdauer, Teilnehmerzahl, gewünschtes Maß der Strukturiertheit und Workshop-Anzahl ausgeprägt sind, muss die Gestaltung des Tages variiert werden. Im Folgenden werden vier Varianten für den Ablauf des dritten Tages vorgestellt. Hierbei handelt es sich um Gestaltungsvorschläge, entwickelt vom Begründer der Methode sowie von der Autorin und anderen Moderatoren. Die Variante 4 »*Verbindlichkeit des Einzelnen*« kann auch bei kurzen Open Space-Veranstaltungen eingesetzt werden. Die hierfür benötigte Zeit beträgt eine Stunde. Allerdings ist dabei der Konkretisierungsgrad der Umsetzungsmaßnahmen eingeschränkt.

Variante 1 »*Top-Ten*«

Arbeitsschritte:

1. Lesen des Dokumentationsbandes.
2. Gewichten der Ergebnisse.
3. Zuordnung ähnlicher Berichte und weitere ergänzende Maßnahmen aufnehmen.
4. Top-Ten-Gruppen kommen zusammen.

Nachdem der dritte Tag mit einer Morgenrunde begonnen hat, werden die fertigen Dokumentationsbände in die Mitte des Stuhlkreises gelegt. Der nächste Schritt erklärt sich von selbst. Jeder Teilnehmende nimmt sich ein Exemplar und liest es. Jetzt besteht die Gelegenheit, Fragen zu einzelnen Aspekten zu stellen, Gedanken zu klären oder Vereinbarungen zu treffen.

Lesen des Dokumentationsbandes

Wie lange diese Phase dauert, steht in Abhängigkeit zur Workshop-Anzahl bzw. zum Umfang des Dokumentationsbandes. Viele Fragen und Klärungen sorgen ferner für eine ausgiebige Leserunde. Ab 40 Workshops sollte mindestens eine Stunde hierfür eingeplant werden.

Während die Teilnehmenden den Dokumentationsband lesen, werden sie gebeten, die aus ihrer Sicht wichtigsten Ergebnisse zu bestimmen und sich die Seitennummern der entsprechenden Protokolle zu vermerken. Was am Ende von den Teilnehmenden als Ergebnis betrachtet wird, bleibt ihnen selbst überlassen. So kann es sein, dass die Teilnehmenden ein Ziel oder eine einzelne Maßnahme als wichtiges Ergebnis bewerten.

Ist die Leserunde beendet, werden die Teilnehmenden gebeten, nun die für sie wichtigsten Resultate zu bestimmen. Jeder erhält eine bestimmte Anzahl von Bewertungspunkten. Die Gewichtung hilft, die wichtigsten Ergebnisse aus der Vielzahl der Ergebnisse herauszufiltern. Denn die Ergebnisse mit den meisten Punkten sollen bevorzugt im Unternehmen bzw. in der Organisation umgesetzt werden. Diese Beschränkung hilft zum einen, die Motivation der Teilnehmenden auf einige Themen zu bündeln, damit sie auch nach der Veranstaltung noch anhält. Zum anderen wird den Teilnehmenden deutlich, welche Ergebnisse von der gesamten Gruppe als bedeutsam bewertet werden. Realisierungsmöglichkeiten werden an dieser Stelle vorerst außer Acht gelassen.

Gewichten der Ergebnisse

Für die Gewichtung per Bewertungspunkte werden die einzelnen Workshop-Themen auf ein DIN-A3-Bewertungsblatt geschrieben und an die Zeit- und Raumtafel auf das Matrixfeld des jeweiligen Themenblatts gehängt. Die

Seitenzahl des dazugehörigen Protokolls wird oben rechts auf dem Bewertungsblatt vermerkt. Zusätzlich befindet sich auf dem Bewertungsblatt je ein Feld für die Punkte und für die Mitwirkenden der Umsetzungsgruppe.

Bewertungsblatt

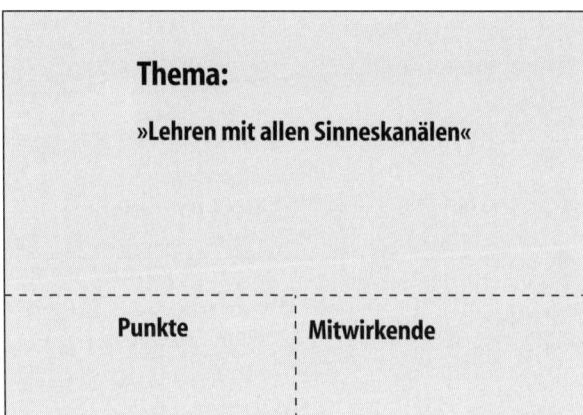

Jeder Teilnehmende erhält maximal zehn Bewertungspunkte und kann bis zu drei auf je ein Ergebnis seiner Wahl kleben. Eine andere Möglichkeit besteht darin, zehn Punkte auf das Ergebnis Nummer 1, neun auf das Ergebnis Nummer 2, acht auf das Ergebnis Nummer 3 usw. zu heften. Gleichgültig, welche Bewertungsmethode man anwendet, wichtig ist, dass das Punkten eines einzelnen Teilnehmers nicht zu einer Überbewertung eines Ergebnisses führen sollte. Nach dem Punkten zählen alle Teilnehmenden aus. Der Zählvorgang dauert bei der zweiten Version natürlich länger.

Beläuft sich die Teilnehmerzahl beispielsweise auf 500 Personen und gibt es etwas 150 Workshops, wird das Gewichten mit Bewertungspunkten kritisch. Es kommt zum Gedränge an der Zeit- und Raumtafel, das Auszählen dauert sehr lange und ist mühsam. Sinnvoll ist in diesem Fall, mit Hilfe eines Computerprogrammes zu gewichten. Jeder Teilnehmende tippt die für ihn wichtigsten Ergebnisse in zur Verfügung stehende Notebooks in eine Bewertungssoftware ein. Die Einzelwertungen werden in einer Gesamtwertung zusammengetragen und in Form eines Balkendiagramms dargestellt. Hinweise zur Bezugsquelle der Software finden Sie in der Anlage.

Ungeachtet der Bewertungsmethode kristallisieren sich am Ende des Gewichtens zehn erstrangige Themen heraus. Diese werden der Deutlichkeit halber an der Zeit- und Raumtafel markiert und die Titel für den folgenden Schritt auf Flipcharts geschrieben.

Zuordnung ähnlicher Berichte und weitere ergänzende Maßnahmen aufnehmen

Die Flipcharts werden unter dem Workshop-Titel in zwei freie Felder geteilt. Das eine Feld wird »*Verwandte Berichte*« und das andere »*Zusätzliche Maßnahmen*« genannt. Die Flipcharts werden im Plenumsraum verteilt aufgestellt.

Danach gehen die Teilnehmenden von Flipchart zu Flipchart. Für jeden Workshop werden die im Zusammenhang stehenden Berichte mit der Seitenzahl notiert sowie zusätzlich noch nicht erwähnte Empfehlungen für weitere Aktionen gegeben. Die gefüllten Flipchartbögen werden dokumentiert, vervielfältigt und an die Teilnehmenden verteilt.

Top-Ten-Gruppen kommen zusammen

Im folgenden Schritt kommen die Einberufer der zehn ausgewählten Workshops mit ihrer Gruppe für 30 Minuten zusammen. Sie beraten, was in Bezug auf ihr Thema unternommen werden soll und wer sich dafür verantwortlich erklärt. Jeder Interessierte kann sich einer Gruppe anschließen.

Fazit

Diese Variante ist bei einer großen Teilnehmerzahl anwendbar. Allerdings nimmt der dritte Schritt dabei viel Zeit in Anspruch. Sie hat den Vorteil, dass Querbezüge der Ergebnisse hergestellt werden können, an denen dann später weitergearbeitet werden kann. Die Anzahl der Arbeitsschritte ist überschaubar. Die Teilnehmenden erhalten dadurch noch genügend Spielraum für selbstständiges Arbeiten. Die Veranstaltungsdauer sollte mindestens zwei Tage betragen – eineinhalb Tage parallele Arbeitsgruppen und ein halber Tag Sicherung der Ergebnisse.

Variante 2 »Umsetzungsgruppen«

Arbeitsschritte:

1. Lesen des Dokumentationsbandes.
2. Gewichten der Ergebnisse.
3. Umsetzungsgruppen bilden.
4. Präsentation erster Maßnahmen.

Umsetzungsgruppen bilden

Schritt 1 und 2 sind identisch mit der ersten Variante. Bei der Bildung der Umsetzungsgruppen liegt die Konzentration wieder auf den zehn vorrangigen Themen. Dennoch gilt es, die anderen Workshops mit ihren Ergebnissen zu würdigen. Schließlich ist viel Arbeit und Energie in sie hineingeflossen. Es sollte möglich sein, dass sich Teilnehmende auch Themen widmen können, die nicht zu den Top-Ten gehören. Motivation und Tatendrang werden damit berücksichtigt. Für die Bildung der Umsetzungsgruppen tragen sich Interessierte auf dem Bewertungsblatt in das Feld »*Mitwirkende*« ein.

Bewertungsblatt

Thema:

**»Wie kann ich meinen Arbeitsplatz
besser gestalten?«**

Punkte | **Mitwirkende**

Wenn sich die Gruppen zurückziehen, bleiben meist wenige Teilnehmende zurück, die sich keiner Gruppe zugeordnet haben. Ein Engagement über die Veranstaltung hinaus muss nicht bei jedem gegeben sein.

Die Umsetzungsgruppen erhalten die Aufgabe, das Ziel der Gruppe zu formulieren, sofort umsetzbare Maßnahmen zu bestimmen, den nächsten Besprechungstermin festzulegen und einen Gruppenverantwortlichen zu ernennen. Die verantwortliche Person ist für die Terminabsprachen und die Weitergabe der Ergebnisse der Gruppe verantwortlich. Nach ungefähr 45 Minuten kommen die Gruppen wieder im Plenum zusammen und stellen ihre Ergebnisse vor.

Präsentation erster Maßnahmen

Diese Variante ist vor allem bei einer großen Personenzahl einsetzbar. Ein Vorteil besteht darin, dass die Anwesenden noch auf der Veranstaltung über sofortige Umsetzungsschritte informiert werden und dadurch Verbindlichkeit hergestellt wird. Jedoch könnten die Präsentationen bei den Teilnehmenden Leistungsdruck auslösen. Auch hier sollte die Veranstaltungsdauer mindestens zwei Tage betragen.

Fazit

Variante 3 »Selektion«

Arbeitsschritte:

1. Vorstellung der Maßnahmen.
2. Herausfiltern nicht realisierbarer Maßnahmen.
3. Gewichten der Maßnahmen.
4. Umsetzungsgruppen bilden.
5. Präsentation erster Schritte.
6. Verabredung der Gruppenverantwortlichen.

Maßnahmen Diese dritte Variante ist ein Ansatz, der sich auf die einzelnen Maßnahmen aller Workshops bezieht. Nachdem die Dokumentationsbände bereitgestellt wurden, stellt jeweils eine Person aus jedem Workshop die erarbeiteten Maßnahmen und angeregten Projekte vor. Die Open Space-Moderatorin listet diese auf einem Flipchart für alle sichtbar auf.

Herausfiltern bzw. gewichten Die Organisationsleitung oder eine die Führungsebene repräsentierende Person, die während der gesamten Veranstaltung anwesend war, benennt die in keinem Fall realisierbaren Maßnahmen. Diese bleiben im weiteren Verlauf der Veranstaltung unberücksichtigt. Die anderen Maßnahmen werden sortiert und schließlich von den Teilnehmern gewichtet.

Umsetzungsgruppen Umsetzungsgruppen bilden sich nach Engagement. Die Gruppen kommen für 45 Minuten zusammen und beraten über das Ziel der Maßnahme, die Rollenverteilung und Verantwortlichkeiten, kommende Herausforderungen an die Gruppe, notwendige Ressourcen, die nächsten Schritte und ernennen einen Gruppenverantwortlichen.

Präsentation Darauf folgt die Präsentation erster Schritte. Die Organisationsleitung kann sich an dieser Stelle dazu äußern, welche Unterstützung die Gruppen erhalten werden. Die Aufgabe der Gruppenverantwortlichen ist es schließlich zu beraten, wie die Ergebnisse der Umsetzungsgruppen an alle Teilnehmenden sowie an den Rest der Organisation vermittelt werden sollen.

Fazit Variante »Selektion« ist stark strukturiert, gesteuert und sehr komplex. Sie eignet sich daher nicht für alle Zielgruppen. Im Zweifel sollten einige Arbeitsschritte vereinfacht werden. Die Gefahr besteht, dass die Phase der Ergebnissicherung einen zu starken Kontrast zu den vorangegangenen Tagen darstellt. Umsetzungsspielräume bzw. -grenzen werden sofort sichtbar. Die Organisationsleitung stellt noch während der Veranstaltung Ressourcen für die Umsetzung der Maßnahmen zur Verfügung. Zwei Tage sind hier Minimum.

Variante 4 »Verbindlichkeit des Einzelnen«

Arbeitsschritte:

1. Lesen des Dokumentationsbandes.
2. Auflisten der Workshop-Titel.
3. Verbindlichkeiten der einzelnen Personen klären.

Bei der letzten hier vorgestellten Variante wird eine Matrix eingesetzt. Auf der Vertikalen stehen die Workshop-Titel und auf der Horizontalen die Motivationsabstufungen, wie »*Ich nehme es in die Hand*« und »*Ich mache mit*«. Selbstverständlich können auch weitere Abstufungen hinzugefügt werden. Die Workshop-Titel werden während der Leserunde für alle sichtbar auf ein großes Plakat in die Matrix eingetragen. Die Teilnehmenden reflektieren ihr Engagement für das Thema, gehen dann an das Plakat und tragen sich in das für sie zutreffende Feld ein.

Bei einer Teilnehmerzahl ab 30 Personen ist die Handhabe dieser Variante anders: Den Motivationsabstufungen werden verschiedene Farben zugeordnet. Die Teilnehmenden erhalten zusammen mit ihrem Dokumentationsband eine rote und blaue Karte. Der Abstufung »*Ich nehmen es in die Hand*« wird mit rot und »*Ich mache mit*« mit blau gekennzeichnet. Nacheinander werden die Workshop-Titel aufgerufen und die Teilnehmer gebeten, ihr Engagement mit dem Hochheben der jeweiligen Karte erkenntlich zu machen. In die entsprechenden Matrixfelder werden dann die Abstimmungsergebnisse bzw. auch die Namen der Personen eingetragen, die sich nach der Veranstaltung weiterhin um die Themen kümmern möchten.

Verbindlichkeiten der einzelnen Personen klären

Workshop-Titel	Ich nehme es in die Hand	Ich mache mit

Fazit   Hier handelt es sich um eine kurze und einfach durchführbare Variante. Sie ist besonders für eintägige oder noch kürzere Veranstaltungen sinnvoll. Umsetzungsgruppen werden keine gebildet. Der Konkretisierungsgrad der Maßnahmen ist dadurch eingeschränkt.

Ende und neuer Anfang

Das Ende der Veranstaltung ist auch gleichzeitig mit einem neuen Anfang verbunden. Drei Tage Arbeit werden verabschiedet, die Umsetzung der Ergebnisse und die damit angeregte Veränderung willkommen geheißen.

Wie am Anfang der Veranstaltung sitzen alle Anwesenden im Kreis. Die Stimmung hat sich verändert. Waren zu Beginn Unsicherheit und Skepsis die vorherrschenden Gefühle, sind am Ende eher Offenheit, Gemeinschaft und Sicherheit zu spüren.

Abschluss mit dem   Für die Abschlussrunde empfiehlt sich die »*Talking Stick*«-Zeremonie.
»Talking Stick«   »*Talking Stick*«, das heißt »Sprechender Stock« und ist indianischen Ursprungs. Dazu wird ein schönes Stück Holz benutzt, welches von einem Teilnehmer zum nächsten gereicht wird mit einer Frage, die beispielsweise lauten kann: »*Was war auf der Veranstaltung für Sie das Wichtigste, was Sie mit in Ihre Zukunft nehmen?*« Wer nichts äußern möchte, reicht den Stock einfach an den Nachbarn weiter. Wer spricht, hält den Stock fest und bekommt die Aufmerksamkeit der Zuhörer. Es gibt kein Zeitlimit und keine Unterbrechung. Bei einer Gruppen ab 70 Personen ist das Mikrofon die Alternative zum Stock.

Eine Abschlussrunde dieser Art kann sehr lange dauern. Bei 100 Personen ist mindestens eine Stunde einzuplanen. Bei größeren Gruppen entsprechend mehr. Es ist daher verständlich, wenn einige Teilnehmenden sich zwischendurch die Beine vertreten, etwas trinken oder essen müssen. Dies ist freigestellt. Eine für alle ausgesprochene Pause ist nicht notwendig und würde die Abschlussrunde unterbrechen. Personen, die rechtzeitig ihren Zug, Bus oder ihr Flugzeug erreichen müssen, platzieren sich vorzugsweise nahe des Ausgangs.

Viel Zeit einplanen

Harrison Owen schlägt vor, die Teilnehmenden zu bitten, sich nach der Abschlussrunde noch einmal als Gruppe wahrzunehmen. Dafür stehen alle auf und lassen ihre Blicke im Kreis von Person zu Person schweifen. Nach einigen Momenten drehen sie sich um 180 Grad mit dem Gesicht zur Wand. Sie sollen sich nun für wenige Sekunden vorstellen, wie sie die kommenden Tage gestalten werden. Erst dann verlassen sie den Kreis und die Veranstaltung ist zu Ende. Ob diese Art der Verabschiedung angebracht ist, entscheidet sich durch die Atmosphäre in der Teilnehmerschaft, die im Verlauf der Veranstaltung entstanden ist.

Im Nachhinein sollen sich die Teilnehmenden an ihre Eindrücke erinnern, die für sie neu waren oder besonders beeindruckend. Sie können sich der Ergebnisse entsinnen, denn sie sind im Dokumentationsband verankert. Was den Teilnehmenden nach *Harrison Owen* schwer fällt, ist, zu erkennen und sich dann auch daran zu erinnern, warum der Open Space-Prozess so effektiv war. Für ihn sind die Faktoren *Führung*, *Vision*, *Gemeinschaft* und *Management* entscheidend für die Produktivität eines Open Space.

Reflexion des Open Space-Prozesses mit dem »Medicine Wheel«

Gerade diese Faktoren, so *Owen*, sind wichtig für die Zukunft des Unternehmens bzw. der Organisation und können daher am Ende der Veranstaltung auf ihre Bedeutung während der Open Space-Veranstaltung hin betrachtet werden. Er schlägt vor, dafür das ursprünglich indianische »*Medicine Wheel*« – Medizinrad – einzusetzen. Dabei handelt es sich um ein Rad, welches an einen Kompass errinnert. Im Norden steht der Faktor *Führung*, im Osten *Vision*, im Süden *Gemeinschaft* und im Westen *Management*.

»Medicine Wheel«

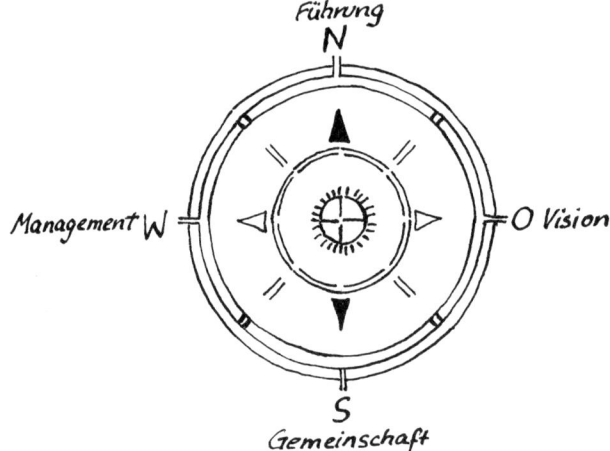

Die Botschaft des *»Medicine Wheel«* ist, einfach ausgedrückt: Jede Person und jede Organisation trägt diese vier Elemente in sich. Sie sind einer Dynamik ausgesetzt, die durch äußere und innere Faktoren beeinflusst wird. Ein äußerer Faktor kann beispielsweise Marktveränderung sein und ein innerer der Verlust einer guten Organisationsleitung. Für ein gut funktionierendes System sollten alle Elemente ausgeglichen sein, auch wenn die Dynamik für permanente Schwankungen innerhalb des Rades sorgt.

Wenn man das Rad betrachtet, so beginnt man im Norden und bewegt sich dann im Uhrzeigersinn. Die *Führung* im Norden bringt die Geschäfte ins Rollen. In welche Richtung diese sich bewegen, besagt die *Vision* im Osten. Welche Personen im gleichen Boot sitzen, besagt die *Gemeinschaft* im Süden und das *Management* im Westen kümmert sich um den reibungslosen Ablauf.

Die Reflexion des Open Space-Prozesses verdeutlicht den Unterschied zwischen dem Arbeiten während der Veranstaltung und dem im alltäglichen Arbeitsleben. Sie regt an, alte Muster zu überdenken und neu erfahrene in den Berufsalltag einzubringen.

Beginnend im Norden werden die Teilnehmenden befragt, wie sie die einzelnen Elemente während der Open Space-Veranstaltung wahrgenommen haben und wie sie damit arbeiten konnten. Vielen wird hier deutlich, dass es beim Open Space keine *Führung* eines Einzelnen gibt. Jeder führt sich selbst. Die *Vision*, also der eingeschlagene Weg, zeigt sich in den Workshop-Themen. Diese weisen die Richtung, in die sich die Anwesenden bewegen möchten. Jeder spürt die *Gemeinschaft*. Die Kontrolle durch ein *Management*, das für einen organisierten Ablauf sorgt, ist unnötig. Die Gruppe organisiert sich selbst.

Vier Variationen zur Gestaltung des dritten Tages im Überblick

Varianten	Arbeitsschritte	Ø Min.	Vorteile	Nachteile
»Top-Ten« *Nach Harrison Owen und Dr. Matthias zur Bonsen*	Lesen des Dokumentationsbandes. Gewichten der Ergebnisse. Zuordnen ähnlicher Berichte und weitere ergänzende Maßnahmen aufnehmen. Top-Ten-Gruppen kommen zusammen.	60 15 45 30 ∑ 2,5 h	Arbeitsschritte sind überschaubar. Querbezüge der Workshop-Ergebnisse werden deutlich gemacht. Mit großer Teilnehmerzahl möglich. Ab einer Veranstaltungsdauer von zwei Tagen sinnvoll. Viel Bewegung im Raum.	Der dritte Schritt nimmt bei einer großen Teilnehmerzahl viel Zeit in Anspruch.
»Umsetzungsgruppen« *Nach Carole Maleh*	Lesen des Dokumentationsbandes. Gewichten der Ergebnisse. Umsetzungsgruppen bilden. Präsentation erster Maßnahmen.	60 15 45 30 ∑ 2,5 h	Arbeitsschritte sind überschaubar. Sofortige Umsetzungsmaßnahmen werden deutlich. Mit großer Teilnehmerzahl möglich. Ab einer Veranstaltungsdauer von zwei Tagen sinnvoll.	Die Präsentation könnte bei den Teilnehmern Leistungsdruck auslösen.
»Selektion« *Nach Martin Leith*	Vorstellung der Maßnahmen. Herausfiltern nicht realisierbarer Maßnahmen. Gewichten der Maßnahmen. Umsetzungsgruppen bilden. Präsentation erster Schritte. Gruppenverantwortliche verabreden sich.	30 15 15 45 30 15 ∑ 2,5 h	Umsetzungsspielräume werden sichtbar. Umsetzungsschritte werden deutlich. Informationsvermittlung der Ergebnisse nach der Veranstaltung wird bei der Veranstaltung organisiert. Ab einer Veranstaltungsdauer von zwei Tagen sinnvoll. Organisationsleitung stellt Ressourcen während der Veranstaltung zur Verfügung.	Nur mit begrenzter Teilnehmerzahl sinnvoll. Nur mit überschaubarer Workshop-Anzahl zweckmäßig. Stark gesteuert, damit Gegensatz zum selbst bestimmten Arbeiten an den Vortagen. Hierarchieunterschiede werden deutlich. Teilnehmende müssen viel präsentieren.
»Verbindlichkeit des Einzelnen« *Grundidee Agnes v. Walter*	Lesen des Dokumentationsbandes. Auflisten der Workshop-Titel. Verbindlichkeiten klären.	30 30 ∑ 1 h	Einfach und schnell. Für kurze Veranstaltungen geeignet.	Nur mit begrenzter Teilnehmeranzahl sinnvoll. Ohne Umsetzungsgruppen. Geringer Konkretisierungsgrad in Bezug auf die Umsetzungsergebnisse.

3.3 Das Open Space-Regelwerk

Der erste Eindruck von Open Space mag vielleicht auf den einen oder anderen verwirrend wirken. So erscheint die Methode am Anfang als »Chaos stiftend« und ohne deutliche Spielregeln. Dieser erste Eindruck kann darauf zurückgeführt werden, dass Open Space eine ungewöhnliche Konferenzmethode ist. Die wohl ungewöhnlichsten Punkte daran sind das Fehlen eines Konferenzprogramms sowie die geringe Prozesssteuerung.

Schaut man genauer hin, so lässt sich erkennen, dass Open Space den Teilnehmenden einen klaren Rahmen mit Grenzen und einer Struktur bietet. Da sind die Zeit- und Raumtafel, die Protokollvorlage, die regelmäßigen Abendnachrichten und die Morgenankündigung, die Leitlinien und natürlich das »Gesetz der zwei Füße«, die den Rahmen von Open Space bilden.

Das Regelwerk unterstützt das gemeinsame Arbeiten

Die Leitlinien sowie das »Gesetz der zwei Füße« werden auch als Regelwerk bezeichnet. Es unterstützt das gemeinsame Arbeiten sowie das Voneinander- Lernen und fördert die gelöste Arbeitsstimmung. Ohne das Regelwerk funktioniert keine gute Open Space-Veranstaltung. Daher ist es wert, an dieser Stelle ausführlich behandelt zu werden. Zum Regelwerk gehören vier Leitlinien und ein Gesetz.

Das Regelwerk von Open Space Vier Leitlinien	Ein Gesetz
1. Wer kommt, ist die richtige Person. 2. Offenheit für das, was geschieht. 3. Es beginnt, wenn die Zeit reif ist. 4. Vorbei ist vorbei.	Das »Gesetz der zwei Füße« mit den Erscheinungsformen ❖ Schmetterlinge ❖ Hummeln

Für die Teilnehmer ist das Regelwerk zu Beginn einer Open Space-Veranstaltung noch unbekannt. Aus diesem Grund wird es in der Moderation genau erläutert. Um die Erläuterungen zu unterstützen, hängen alle vier Leitlinien auf Plakate geschrieben an den Wänden. Gleiches gilt für das »Gesetz der zwei

Füße«, das durch die Abbildung von zwei Füßen dargestellt wird. Die Erscheinungsformen »Schmetterling« und »Hummel« befinden sich auf weiteren Plakaten. Dieses Regelwerk hat folgenden Sinn:

❖ Es gibt dem Geschehen und den Teilnehmenden einen strukturellen Rahmen.
❖ Die Leitlinien und das Gesetz gelten als Spielregeln und fördern dadurch die gemeinsame Arbeit.
❖ Das Regelwerk steigert die Akzeptanz für andere Menschen, neue Ideen und andere Meinungen.
❖ Es erlaubt eine lockere Arbeitsatmosphäre und fördert so die Lernbereitschaft der Teilnehmenden.

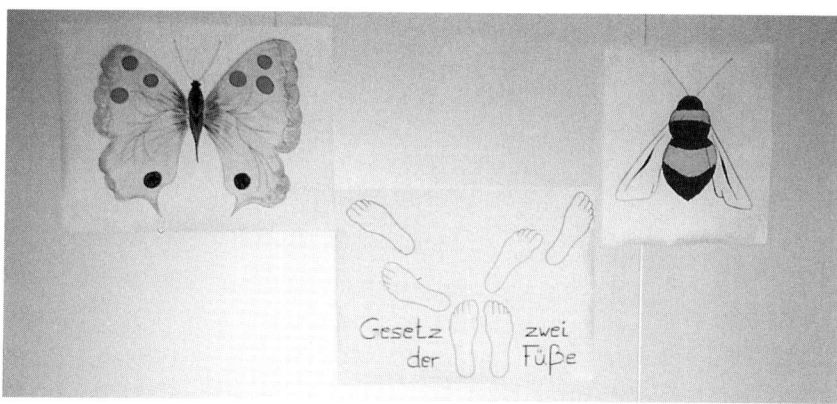

Die vier Leitlinien

1. Leitlinie: Wer kommt, ist die richtige Person

Ob 20 oder 500 Personen zu einer Open Space-Veranstaltung kommen, es sind genau die richtigen Teilnehmer. Und zwar die richtigen, um am Leitthema zu arbeiten und die Situation zu verändern.

Gelegentlich äußern Auftraggeber bei der Planung einer Open Space-Veranstaltung den Wunsch, besonders die Teilnahme der Leute aus der xyz-Abteilung oder aus dem xyz-Bereich zu der Open Space-Veranstaltung sicherzustellen. Denn diese Personen würden sich offenbar am besten mit der Problematik auskennen. Das mag vielleicht stimmen. Aber darum geht es nicht bei Open Space.

Jeder Teilnehmende kann zur Veränderung der Situation etwas beitragen

Wichtig ist, die Personen zu versammeln, die zur Veränderung der Situation etwas beitragen wollen. Denn deren gebündeltes Wissen und Motivation ist ausreichend für den anlaufenden Veränderungsprozess.

Auch für die Workshops gilt, jene die kommen, sind genau die richtigen, um am Workshop-Thema zu arbeiten. Sie haben das Interesse und die Motivation, sich mit dem Workshop-Thema intensiv auseinander zu setzen.

Für den Fall, dass ein Einberufer alleine in seinem Workshop sein sollte und sich kein weiterer Teilnehmer dazu einfindet, wird besonders darauf hingewiesen, dass ein Thema auch von nur einer Person bearbeitet werden kann. Dieser Hinweis ist wichtig: Der Einberufer soll in einem solchen Fall nicht persönlich verletzt sein und sich sogar zurückziehen. Das Potenzial dieser Person wird honoriert, indem ihr die Möglichkeit gegeben wird, alleine am eigenen Thema zu arbeiten. Auch ein zunächst »schwach« besetzter Workshop kann durch hinzukommende Personen wachsen.

Wer kommt, ist die richtige Person.

2. Leitlinie: Offenheit für das, was passiert

Diese Leitlinie soll die Teilnehmenden anspornen, unerwarteten Dingen gegenüber aufgeschlossen zu sein, die sich ihnen bietenden Möglichkeiten anzunehmen und sich von den eigenen Erwartungen etwas zu entfernen. Eine Offenheit gegenüber neuen und unerwarteten Erkenntnissen, Ideen oder Ereignissen macht sie frei für ein Voneinander-Lernen.

Unerwartetes zeigt neue Wege auf

3. Leitlinie: Es beginnt, wenn die Zeit reif ist

Ideen, Motivation und gute Anregungen kommen, wenn die Zeit dafür reif ist. Obwohl auf der Zeit- und Raumtafel Zeiteinheiten für die Workshops angegeben sind, sollen die Gruppen die Freiheit haben, erst dann mit der Arbeit zu beginnen, wenn sie sich für produktiv halten. Die angegebenen Zeiten dienen überwiegend für die Bereitstellung der Räumlichkeiten.
Die Verantwortung für das Zeitmanagement wird an die Gruppe abgegeben. Zeiten des Arbeitens und der Pausen werden von den Teilnehmenden bestimmt. Sie sollen ein Gefühl für den Zeitpunkt ihrer Kreativität und Effektivität entwickeln und eigenständig danach handeln.
Bei einer Veranstaltung war zu erleben, dass den Teilnehmenden die erste Mittagspause von 90 Minuten zu lang war. Sie waren an ihre betriebliche 30-Minuten-Mittagspause gewöhnt. Mit 90 Minuten konnten sie nicht viel anfangen und haben alle gemeinsam ihre Workshops um eine Stunde vorverlegt. Auch das geht.
Entscheidungen dieser Art sind beim Open Space häufig und auch gewollt. Jede Gruppe trägt die Verantwortung für die Entscheidung selbst und stärkt damit das Gemeinschaftsgefühl. Mit Open Space wird die Entscheidungsfindung der gesamten Gruppe begünstigt.

Dann arbeiten, wenn man produktiv sein kann

4. Leitlinie: Vorbei ist vorbei

Nur so lange arbeiten, wie nötig

Diese Leitlinie ist das Gegenstück zur dritten Leitlinie. So kann es sein, dass ein Workshop nach 20 Minuten vorbei ist. Alle wichtigen Aspekte sind genannt. In diesem Fall ist es nutzlos, im Workshop auszuharren und Energie und Lust zu verlieren, bis die vorab veranschlagte Zeit abgesessen ist und die nächste Workshop-Einheit beginnt. Besser ist es, den Workshop zu schließen und sich anderen Dingen zu widmen, wie zum Beispiel in eine andere Gruppe zu gehen oder eine neue zu gründen.

Ist nach Ablauf der Zeiteinheit das Thema einer Gruppe noch nicht abgeschlossen, kann weitergearbeitet werden, bis das Thema vollständig abgehandelt ist.

Das »Gesetz der zwei Füße«

Jeder kennt es: Wir befinden uns in einem Arbeitskreis oder Vortrag und langweilen uns. Meist der Höflichkeit wegen bleiben wir sitzen, lassen unsere Laune schlecht werden und vergeuden Zeit.

Hier setzt das »Gesetz der zwei Füße« an. Es ist das einzige Gesetz beim Open Space und sollte auch befolgt werden. Es bedeutet: Jede Person, die sich während der Veranstaltung in einer Situation befindet, in der sie weder etwas lernen noch beitragen kann, soll die eigenen zwei Füße benutzen und dort hingehen, wo sie produktiv sein kann. Der Open Space-Moderator *Michael M Pannwitz* meint dazu, dass jeder, der in einer Situation nichts mehr lernen oder beitragen kann, die Gruppe mit seiner Abwesenheit *ehrt*.

Solange bleiben wie man etwas beitragen oder lernen kann

Was wird mit diesem Gesetz erreicht?

❖ **Hohe Qualität des individuellen Lernens**
Jeder Teilnehmende trägt Verantwortung für die Qualität des eigenen Lernens. Wenn er sich in einem Workshop langweilt, ist er selbst schuld. Die Anwesenden orientieren sich an ihren Interessen. Daraus resultiert eine hohe Qualität des Arbeitens während der Veranstaltung. Unproduktive Situationen werden vermieden.

❖ **Die Gruppe wird geehrt**
Gehende Teilnehmer bezeugen mit ihrem Handeln Wertschätzung für die Gruppe, die sie gerade verlassen. Sie überlassen das »Feld« den Personen, die mit Interesse am Thema arbeiten wollen. So wird vermieden, durch gelangweilte Miene, Demotivation oder Wut die Stimmung der Gruppe zu verderben.

❖ **Vielredner und Besserwisser bleiben alleine**
Vielredner und Besserwisser könnten sich damit konfrontiert sehen, plötzlich alleine in einem Workshop zu sein. Schon die Existenz eines solchen Gesetzes führt oftmals dazu, dass besagte Personen zurückhaltender sind und auch anderen den Raum geben, am Thema mitzuarbeiten.

❖ **Konflikte bearbeiten, nur wenn gewollt**
Mögliche Konflikte werden ausgetragen, wenn der Wunsch der betroffenen Personen danach besteht. Ist dieser nicht vorhanden, können sich die Konfliktparteien guten Gewissens trennen.

Als Erscheinungsform des Gesetzes gibt es die »Hummeln« und »Schmetterlinge«. Sie sorgen für eine Dynamik bei der Veranstaltung.

»Hummeln«   »Hummeln« werden die Personen genannt, welche an vielen Workshops Interesse haben. Sie gehen von einem zum anderen und bringen sich hier und dort ein. Sie bleiben so lange, wie sie zum Thema etwas lernen oder beitragen können. Gerade erworbene Ideen, Gedanken oder Anregungen werden in die neue Gruppe getragen und dort fallen gelassen, aufgenommenes Wissen in die nächste Gruppe gebracht. Manchmal ist es auch nur die pure Anwesenheit einer neu dazugekommenen Person, die der Gruppe einen neuen Schub gibt. Es findet eine gegenseitige Befruchtung statt – eben wie in der Natur: Die Hummel fliegt von Blüte zu Blüte, nimmt Pollen von der einen Blüte auf und setzt sie auf einer anderen wieder ab.

»Schmetterlinge«   Die »Schmetterlinge« sind anders. Diese Bezeichnung gilt für Personen, die etwas unentschlossen sind, also nicht sofort den Antrieb verspüren, in eine Gruppe zu gehen. Sie halten sich vornehmlich am Büfett oder in einer Sitzecke auf, rauchen eine Zigarette oder lassen sich im Garten nieder.

Auf den ersten Blick wirken die Schmetterlinge nutzlos. Doch sie leisten für die Veranstaltung einen wichtigen Beitrag. Sie markieren eine Stätte des Nichtarbeitens und geben dadurch Ruhe an ihr Umfeld ab. Es ist zu beobachten, dass sich besonders zwischen Schmetterlingen und Vorbeikommenden intensive Gespräche entwickeln. Diese führen entweder dazu, dass die Teilnehmer Anregungen für laufende Arbeitsgruppen erhalten, in diese gehen oder selbst einen neuen, ungeplanten Workshop durchführen. Es handelt sich dabei deshalb um ein Phänomen, weil niemand der Gesprächspartner plant, eine bedeutendes Gespräch zu führen. Es entspringt einfach der Intuition, wahrscheinlich unterstützt durch die Sympathie der Personen füreinander.

Erfahrungsgemäß ist die Einhaltung des »Gesetzes der zwei Füße« schwierig für die Teilnehmer. Müssen sie sich doch erst daran gewöhnen, ihren eigenen Interessen zu folgen, wohl wissend, dass keiner durch ihr Verhalten empört ist. Ausländische Moderatoren berichten, dass sich besonders deutsche Teilnehmer bei der Befolgung des »Gesetzes der zwei Füße« schwer tun.

3.4 Die Aufgaben des Moderators im Open Space

Der Open Space-Moderator sorgt für den sicheren Rahmen, in dem sich die Teilnehmenden die Zeit zum freien Arbeiten nehmen können, in dem sie sich frei bewegen und vielleicht auch mal gegen die Norm verhalten dürfen. Ein Raum, in dem alle gleichberechtigt sind und jeder sein Thema ansprechen darf.

Bei Open Space handelt es sich nicht um eine Moderation im klassischen Sinn. Es werden keine verschiedenen Arbeitsmethoden angeboten. Es gibt kein inhaltlich vordefiniertes Ziel, das es zu erreichen gilt. Der Moderator konzentriert die Gruppe nicht auf die Inhalte der Workshops. Er steht darüber hinaus nicht im ununterbrochenen Kontakt zu den Teilnehmern.

Die Moderation schafft einen Rahmen

Der moderatorische Anteil in den ersten Tagen einer Open Space-Veranstaltung ist äußerst begrenzt. Nur die erste Stunde, die Abendnachrichten und die Morgenankündigungen werden moderiert. Es kann also von einer »rahmengebenden Moderation« gesprochen werden. Erst in der Phase der Ergebnissicherung wird eine Moderation im klassischen Stil angewandt.

Die Moderation ist gleichberechtigte Person und Autorität

Die Persönlichkeit des Moderators ist für den Prozess von besonderer Bedeutung. Er muss die Fähigkeit haben, einerseits als gleichberechtigte Person neben den Teilnehmern und andererseits als Autorität aufzutreten. Als gleichberechtigte Person soll er Atmosphäre schaffen, Zusammengehörigkeit und Eigenverantwortung fördern, die Methode erklären, beschreiben und verständlich vermitteln. Als Autorität sorgt er für Motivation, Vertrauen, sowie für Spannung und Sicherheit. Wie er diese Attribute in der Einführungsphase der Gruppe zu vermitteln vermag, hat entscheidende Auswirkungen auf den Prozess. Deshalb ist ein kompetenter Moderator mit ansprechender Persönlichkeit und hoher Authentizität eine zentrale Voraussetzung bei der Anwendung von Open Space.

Eine Kollegin von *Harrison Owen*, *Angeles Arrien*, entwickelte in diesem Zusammenhang vier Richtlinien für den Open Space-Moderator:

Richtlinien für den Open Space-Moderator

1. **Zeig dich.**
2. **Sei präsent.**
3. **Sei ehrlich.**
4. **Lass' es laufen.**

»Zeig dich« bedeutet, körperlich anwesend zu sein. Der Moderator sollte darüber hinaus erholt auf der Veranstaltung erscheinen und Ruhe ausstrahlen. »Sei präsent« geht einen Schritt weiter. Der Moderator sollte »wirklich« anwesend sein, also auch mit seinen Gedanken. Er soll in sich ruhen und gleichzeitig aufmerksam für das Geschehen sein. Er sollte eine gute Atmosphäre verbreiten und Sicherheit und Wohlbehagen bei den Teilnehmenden auslösen. »Sei ehrlich« bezieht sich auf die Persönlichkeit des Moderators. Dieser sollte sich selbst authentisch zeigen und hinter dem, was er sagt, auch stehen. Schließlich sollte er die Kontrolle für den Open Space-Prozess nach dem Motto »Lass es laufen« an die Teilnehmer abgeben. Diese Richtlinie ist besonders wichtig, um Open Space erfolgreich zu gestalten. Denn Open Space ist eine Methode, in der keine Einzelperson die Kontrolle über den Prozess hat.

Der Moderator hat während der Open Space-Veranstaltung zwei Aufgaben. Diese sind:

- ❖ »Raum und Zeit zu schaffen« und
- ❖ »Raum und Zeit zu sichern«.

»Raum und Zeit zu schaffen« und »zu sichern« bedeutet, den Teilnehmenden die Möglichkeit zu eröffnen, ihre Kompetenzen zur Bewältigung der Situation zu erkennen und weiterzuentwickeln.

»Raum und Zeit schaffen«

Freiraum geben für selbst bestimmtes und selbst organisiertes Arbeiten

In der ersten Stunde der Open Space-Veranstaltung geht der Moderator bei der Einführung der Aufgabe nach, »Raum und Zeit zu schaffen«. Jeder Teilnehmende hat ein anderes Verständnis von Raum und Zeit. Um zusammen an einem Thema zu arbeiten, müssen sie ihre gemeinsamen Vorstellungen von Raum und Zeit kreieren. Sie werden selbst bestimmt und selbst organisiert arbeiten. Dafür erhalten sie den Freiraum. Die Richtlinien und das »Gesetz der zwei Füße« unterstützen die Teilnehmenden darin, sich den notwendigen Raum und die benötigte Zeit zum Arbeiten zu nehmen. Die Teilnehmer sollen von traditionellen Konventionen in Bezug auf Konferenzen und vom Leistungsdruck weitestgehend befreit werden. Sie sollen selbst die Führung für das Geschehen übernehmen. Aufgrund der Tatsache, dass der Moderator vielfältige Räumlichkeiten, Material und Verpflegung zur Verfügung stellt, schafft er im weiteren Sinne Freiraum für die Teilnehmer.

»Raum und Zeit zu schaffen« bedeutet auch, einen zeitlichen Spielraum im Ablauf der Tage einzuplanen. Die Teilnehmenden übernehmen ihre Pausengestaltung selbst. Das eigene Zeitverständnis des Moderators wird ihnen nicht aufgedrängt. Schließlich ist zu bemerken, dass jeder Moderator individuell für sich die Aufgabe »Raum und Zeit zu schaffen« auslegen und ausführen sollte.

»Raum und Zeit sichern«

Der Moderator ist präsent aber gleichzeitig »unsichtbar«

Die Einführung ist vorbei, der »Marktplatz« eröffnet. Die Teilnehmer befinden sich in ihren Arbeitsgruppen. Jetzt beginnt die Aufgabe des Moderators, »Raum und die Zeit zu sichern«, indem er zwar präsent, gleichzeitig aber »unsichtbar« ist. Wie sieht das aus? Er zieht sich aus dem inhaltlichen Geschehen heraus. Er ist aber trotzdem anwesend, authentisch präsent und für alle Teilnehmer erreichbar. Dieser Aufgabe kann der Moderator besonders gerecht werden, wenn er beispielsweise den Abfall wegräumt und für andere organisatorische Dinge sorgt, die nicht von den Teilnehmern selbst erledigt werden können.

Immer mehr Verantwortung an die Gruppe abgeben

Die Kontrolle über die Durchführung der morgendlichen und abendlichen Sitzungen wird schrittweise an die Teilnehmer abgeben. Hat der Moderator die erste Sitzung einberufen, wird er sich in den folgenden Sitzungen so weit zurückziehen, dass die Teilnehmenden sogar den Beginn der Zusammenkünfte selbst bestimmen.

Verantwortung und Freiheit werden, wenn die Situation es erfordert, den Teilnehmern immer wieder neu in Erinnerung gerufen. Sobald Forderungen seitens der Teilnehmer aufkommen, denen der Moderator unter konventionellen Bedingungen nachkommen würde, die jedoch ohne weiteres auch von der Gruppe erledigt werden können, soll die Gruppe eigenverantwortlich dafür Sorge tragen.

Selbst wenn die Verantwortung des Geschehens weitestgehend an die Anwesenden abgegeben wird, ist es dennoch Aufgabe des Moderators einzugreifen, wenn das Recht der Teilnehmenden auf selbst bestimmtes Handeln eingeschränkt wird. Raum und Zeit zum produktiven Arbeiten sollen gesichert werden. Ein Eingreifen ist in den folgenden Situationen sinnvoll:

❖ **Missachtung der Leitlinien und des »Gesetzes der zwei Füße«**
»Begrenzte« Workshops zum Beispiel, zugänglich nur für Männer bzw. Frauen oder Workshops mit einer begrenzten Teilnehmerzahl oder einer geforderten Beteiligung von Anfang bis zum Ende untergraben die Leitlinie »Wer kommt, ist die richtige Person« und das »Gesetz der zwei Füße«. Die Wahrung des Regelwerkes ist Aufgabe des Moderators.

Eingreifen der Moderatorin, wenn das Recht auf selbst bestimmtes Handeln eingeschränkt wird

❖ **Bearbeitung individueller Probleme vor der gesamten Gruppe**
Obwohl Open Space von den meisten Teilnehmern positiv im Sinne von anregend und befreiend bezeichnet wird, kann es dennoch Menschen »aus der Balance werfen«. Das Fehlen von Kontrolle, die Selbstbestimmung sowie das schnelle und vertraute Zusammenkommen der Gruppe kann einige Individuen in eine schwer zu bewältigende Situation bringen. So kann es vorkommen, dass Teilnehmer in einer der täglichen Sitzungen ausführlich über ihre privaten Probleme sprechen wollen. Die Sitzungen sind jedoch nicht dafür bestimmt, persönliche Konflikte zu bearbeiten. Hinzu kommt, dass ein solches Verhalten den anderen Teilnehmern peinlich sein kann und sie sich unbehaglich fühlen. Hier ist es Aufgabe des Moderators, das individuelle Interesse der entsprechenden Person zwar zu akzeptieren, aber deutlich zu machen, dass jetzt nicht der richtige Zeitpunkt für die Bearbeitung des Problems ist und dazu ein gesonderter Workshop einberufen werden kann. Er muss den Raum und die Zeit für Ankündigungen sichern und die Teilnehmer aus einer möglicherweise beklemmenden Situation befreien.

❖ **Kontrollversuche durch Einzelne**
Einzelne Teilnehmer üben Kontrolle über andere aus oder versuchen es zumindest, indem sie zum Beispiel lange Monologe in den Arbeits-

gruppen halten, ihre Meinung als absolut darstellen oder die gesamte Gruppe zu gemeinsamen Aktionen bewegen möchten. Ist zu erkennen, dass sich die unter einem solchen Druck befindlichen Teilnehmer nicht selbst aus der Situation lösen können, der Einfluss und somit auch Egoismus eines einzelnen Teilnehmers zu stark ist, sollte der Moderator die Teilnehmer darauf hinweisen, dass sie das »Gesetz der zwei Füße« anwenden können.

❖ **Unerwartetes**
Geschieht im Rahmen von Open Space etwas Unkonventionelles oder Unerwartetes, wie etwa, wenn ein Teilnehmer in der Mitte des Kreises zu singen und zu tanzen beginnt, dann ist abzuwägen, inwieweit die Gruppe in ihrem Handeln beengt wird. Ist die Gruppe zu stark eingeschränkt, ist das Eingreifen des Moderators sinnvoll.

3.5 Open Space – Weniger als drei Tage

In den vorherigen Abschnitten wurde eine dreitägige Open Space-Veranstaltung beschrieben. Dabei haben die Teilnehmenden an zwei vollen Tagen ausreichend Zeit, um in parallelen Arbeitsgruppen ihre Themen zu bearbeiten. Kreativität und innovative Ideen haben Platz, sich zu entwickeln. In der Nacht zum dritten Tag werden die Dokumentationsbände erstellt. Am dritten Tag beginnt die Phase der Ergebnissicherung. Die Ergebnisse werden gewichtet. Dazu werden Umsetzungsgruppen gebildet und erste Umsetzungsschritte geplant. Der Konkretisierungsgrad ist bei einer dreitägigen Open Space-Veranstaltung sehr hoch. Veränderungsprozesse können daher bei dieser Länge der Veranstaltung optimal eingeleitet werden.

Doch nicht immer steht so viel Zeit zur Verfügung. Manchmal sind es die hohen internen Kosten, die den Auftraggeber davor zurückschrecken lassen, vielen Menschen an der Veranstaltung die Teilnahme zu genehmigen. Oder die Teilnehmer kommen aus Institutionen, die nicht bereit sind, Ihre Mitarbeiter für drei Tage freizustellen.

In einzelnen Fällen macht eine dreitägige Veranstaltung auch gar keinen Sinn. Dies trifft zu, wenn Open Space als Besprechungsmethode eingesetzt wird oder als Tagungsform zur Bearbeitung aktueller Themen ohne Veränderungsabsichten.

Nicht immer sind drei Tage optimal

Open Space-Veranstaltungsdesigns im Überblick

Dauer	Ablauf	Bemerkungen
Halbtägig	Einführung Zwei Workshop-Einheiten à 45–60 Minuten Leserunde Abschlussrunde	Sehr gut einsetzbar für Besprechungen. Nur mit bis zu 20 Teilnehmern sinnvoll. Geringer logistischer Aufwand. Erstellung einer Dokumentation zwar möglich, aber hektisch. Bei regelmäßiger Anwendung von Open Space kann die Einführung stark verkürzt werden. Bei einer Methodenvertrautheit kann Open Space auch mit nur einer Workshop-Einheit in 1,5 Stunden durchgeführt werden.
Eintägig	Einführung Drei Workshop-Einheiten à 75–90 Minuten Leserunde (Gewichten der Ergebnisse) Abschlussrunde	Besonders geeignet für Veranstaltungen zu aktuellen Themen ohne Veränderungsabsichten. Mit mehr als 20 Teilnehmenden durchführbar. Gewichten der Ergebnisse kann beim Veränderungsprozess eingefügt werden. Keine Zeit, um Umsetzungsgruppen zu bilden und konkrete Maßnahmen zu entwickeln. Erstellung der Dokumentation zwar möglich, aber hektisch.
Zweitägig	Einführung Fünf Workshop-Einheiten à 90–120 Minuten Ergebnisse sichern über etwa 2,5 Stunden am zweiten Tag Abschlussrunde	Geeignet für Veranstaltungen zu Veränderungsprozessen. Mit mehr als 20 Teilnehmenden durchführbar. Es bleibt Zeit für die Ergebnissicherung. Konkretisierungsgrad der Umsetzung ist hoch. Zweiter Tag ist sehr anstrengend. Erstellung der Dokumentation zwar möglich, aber hektisch.

Open Space: halbtägig als Besprechungsform

Anwendungsanlass für dieses Design könnte zum Beispiel eine monatliche Abteilungsbesprechung, eine wöchentliche Teamsitzung, eine Projekt- oder Krisensitzung sein. Im Vordergrund steht dabei der intensive Informationsaustausch der Anwesenden.

Intensiver Informationsaustausch bei Besprechungen

Über zweieinhalb bis drei Stunden kommen die Gesprächspartner beispielsweise zum Leitthema »Wie ist der Stand des Projektes?« zusammen. Der logistische Aufwand ist gering. Es gibt eine Zeit- und Raumtafel, die Nachrichtenwand, die Plakate mit den Leitlinien und dem »Gesetz der zwei Füße«. Das Material beschränkt sich auf je ein Flipchart pro Workshop-Raum, mehrere dicke Stifte und Protokollvorlagen. Der Plenumsraum kann den Gruppen auch zur Arbeit dienen. Getränke und ein kleiner Imbiss stehen zur Verfügung. Der Moderator oder die Moderatorin sorgt für die Vervielfältigung der Protokolle.

In zwei Einheiten von 45 bis 60 Minuten Dauer arbeiten die Teilnehmenden zu ihren Themen. Die Dokumentation wird per Hand erstellt und in der Leserunde gesichtet. In der Runde wird geklärt, welche Anliegen sich in den Gruppen gelöst haben und zu welchen noch weiter gearbeitet werden sollte. Es wird entschieden, ob sich jemand um die ungeklärten Aspekte kümmern wird oder ob sie bei der nächsten Besprechung wieder aufgenommen werden sollen. Eine kurze Abschlussrunde beendet die Besprechung.

Aufgrund der begrenzten Zeit ist Open Space als Besprechungsmethode nur bis zu einer Teilnehmerzahl von 20 Personen sinnvoll. Sind die Gesprächspartner mit der Open Space-Methode vertraut, kann die Einführung verkürzt werden. Open Space kann dann auch mit nur einer Workshop-Einheit über insgesamt eineinhalb Stunden durchgeführt werden.

Projekt: XYZ
3. Projektbesprechung
Thema: Wie ist der Stand des Projekts?
Termin: 20.05.2000
Uhrzeit: 9–12.00
An alle Projektmitarbeiter

Sehr geehrte Projektmitarbeiter!
Wie immer werden wir
die Besprechung mit
der Open Space-Methode
durchführen.

Bringen Sie daher bitte Ihre
Themen zum Projekt mit.

Freundliche Grüße

Open Space: eintägig für Tagungen

Lebendige Tagungen

Dieses Open Space-Design eignet sich besonders gut, um einen Rahmen für den gezielten Informationsaustausch zum Leitthema zu schaffen, die Kontaktaufnahme unter Vertretern verschiedener Interessengruppen zu ermöglichen oder bestehende Verbindungen auszubauen. Darüber hinaus kann die Tagung lebendig gestaltet werden. Es besteht kein Leidensdruck zum Leitthema bzw. zur Situation, dennoch aber ein großes Interesse. Für eine eintägige Tagung zu einem aktuellen Thema »reicht« dies. Hierin findet sich der Unterschied zum Einsatz von Open Space in Veränderungsprozessen, bei dem die Betroffenheit der Beteiligten eine notwendige Voraussetzung ist.

Es gibt drei Workshop-Einheiten à 75 bis 90 Minuten, eine vormittags und zwei nachmittags. Man kann die Dokumentation machen, das stellt aber große organisatorische Anforderungen und kann zu Hektik führen. Um Zeit zu sparen sollte sie in diesem Fall per Hand geschrieben werden. Eine eintägige Veranstaltung kann mit einer Gruppe bis zu 1.000 Personen stattfinden.

Grundsätzlich ist es möglich, zu einem Veränderungsprozess eine eintägige Open Space-Veranstaltung durchzuführen. Das Ergebnis hat jedoch nicht die Qualität einer dreitägigen Veranstaltung. Am Ende des Tages können die Ergebnisse von den Teilnehmenden gewichtet werden. Jedoch kann die Umsetzung dieser Ergebnisse in Gruppen nicht weiter geplant werden. Dies muss nach der Veranstaltung geschehen. Die Auswertung der Ergebnisse wird in diesem Fall nicht von den Teilnehmenden selbst erledigt. Diese Aufgabe bzw. Verantwortung wird ihnen abgenommen. Die Kreativität und die Vielfalt der Ideen und Lösungsvorschläge der Teilnehmenden ist durch die mangelnde Zeit eines Tages eingeschränkt.

Open Space: zweitägig im Veränderungsprozess

Einleitung und Bewältigung von Veränderungsprozessen

Bereits eine zweitägige Open Space-Veranstaltung ist gut geeignet für die Einleitung und Bewältigung von Veränderungsprozessen mit großen Gruppen. Über eineinhalb Tage arbeiten die Betroffenen in parallelen Arbeitsgruppen in fünf Workshop-Einheiten à 90 bis 120 Minuten. Am zweiten Tag werden nachmittags die Ergebnisse gesichert und die Umsetzungsplanung wird konkretisiert. Dies geschieht, wie bereits in vorangegangenen Abschnitten beschrieben. Der Nachteil ist, dass der zweite Tag für die Teilnehmenden sehr anstrengend ist und die Dokumentationsbände nur unter erhöhtem logistischen Aufwand zu erstellen sind. Die Teilnehmer geraten unter Zeitdruck, was die Kreativität und Ergebnisqualität einschränkt.

Zusammenfassung

Für Open Space sind ein großer Plenumsraum und eine Vielzahl von Räumen für die Arbeitsgruppen erforderlich. Frei nach den Prinzipien der Selbstbestimmung und Verantwortung verfügen die Teilnehmenden über ihre Workshop-Themen, Arbeitsräume, Arbeitsdauer, Pausen und Dokumentation der Workshop-Ergebnisse. Das »Ritual« der Themensammlung ist wichtig für die Bedeutsamkeit der vorgeschlagenen Themen. Die Protokollvorlage sichert ein einheitliches und vor allem qualitativ gutes Basismaterial für die Umsetzung der Ergebnisse.

Die erste Stunde, in der das Veranstaltungsprogramm entwickelt wird, stellt die Weichen für die gesamte Veranstaltung. Es folgt die Phase parallel laufender Arbeitsgruppen. Die Abendnachrichten am Ende des Tages ermöglichen den Teilnehmenden, das Erlebte zu reflektieren und Verabredungen bezüglich neuer Workshops zu treffen. Lebendiges Arbeiten ist charakteristisch für den zweiten Tag. Die Teilnehmenden haben sich an die Methodenanwendung gewöhnt und arbeiten sehr motiviert. Die Zeit- und Raumtafel wird den neuen Gegebenheiten angepasst. Der dritte Tag ist anders als die vorangegangenen. Strukturiert und gesteuert, verfolgt er klare Ziele: die Workshop-Themen und Maßnahmen zusammenzuführen, die Umsetzung der Ergebnisse in der Organisation anzuregen und Verbindlichkeit seitens der Teilnehmenden herzustellen. Für diesen dritten Tag kann aus verschiedenen Gestaltungsvorschlägen ausgewählt werden. Wichtige Variablen dafür sind die Veranstaltungsdauer, die Teilnehmerzahl, der Grad der Struktur, der für die Gruppe sinnvoll erscheint, und die Workshop-Anzahl. Der Prozess der Veranstaltung kann mit dem »Medicine Wheel« beleuchtet werden. Schließlich erfolgt die Abschlussrunde mit dem »Talking Stick«.

Open Space bietet einen klaren Rahmen mit Grenzen und einer Struktur. Die Zeit- und Raumtafel, die Protokollvorlage, die regelmäßigen Abendnachrichten und Morgenankündigungen, die Leitlinien und das »Gesetz der zwei Füße« bilden den Rahmen von Open Space. Das Regelwerk unterstützt das gemeinsame Arbeiten, das Voneinander-Lernen und fördert die gelöste Arbeitsstimmung.

Bei Open Space kann von einer »rahmengebenden Moderation« gesprochen werden. Nach der Einführung in die Methodenanwendung zieht sich der Moderator aus dem inhaltlichen Geschehen heraus. Er greift nur in den Prozess ein, wenn das Recht der Teilnehmenden auf selbst bestimmtes Handeln eingeschränkt wird. Die Aufgabe des Moderators besteht darin, »Raum und Zeit zu schaffen und zu sichern«. Dies bedeutet, den Teilnehmenden die Möglichkeit zu eröffnen, ihre eigenen Potenziale zur Bewältigung der Situation zu erkennen und weiterzuentwickeln.

Open Space kann über einen halben, einen ganzen Tag, zwei oder drei Tage durchgeführt werden. Entscheidend für die Dauer der Veranstaltung ist die Zielsetzung. Eine halbtägige Veranstaltung eignet sich gut für Besprechungen. Im Vordergrund steht hier der intensive Informationsaustausch der Anwesenden. Mit einer eintägigen Open Space-Veranstaltung lassen sich Tagungen lebendig gestalten, die Kontaktaufnahme unter Vertretern verschiedener Interessengruppen ermöglichen und bestehende Verbindungen ausbauen. Zwei und dreitägige Veranstaltungen dienen der Einleitung und Bewältigung von Veränderungsprozessen.

4 Die Durchführung:
Was ist zu planen?
Worauf ist zu achten?

4.1 Vorbereitung mit dem Auftraggeber und der Planungsgruppe

Klärendes Gespräch mit dem Auftraggeber bzw. Management

Die Planung einer Open Space-Veranstaltung beginnt mit dem ersten Gespräch mit dem Auftraggeber bzw. dem Management der durchführenden Organisation. Bevor eine Open Space-Veranstaltung im Detail geplant und angekündigt werden kann, sind grundsätzliche Fragen mit dem Management zu klären.

❖ Zu welchem Anlass soll die Open Space-Veranstaltung durchgeführt werden?
❖ Was soll mit der Veranstaltung erreicht werden?

Die kurze Bestandsaufnahme der Situation im Unternehmen bzw. in der Organisation sowie das Abstecken der Erwartungen an die Veranstaltung zeigen der Moderatorin bzw. dem Moderator, ob der Einsatz der Open Space-Methode geeignet ist. Darüber hinaus werden beispielsweise folgende Fragestellungen und Aspekte diskutiert:

Vor einer Open Space-Veranstaltung abzuklären

❖ Glaubt das Management an die Kompetenz der Mitarbeiter?
❖ Ist das Management bereit, die Freiwilligkeit der Teilnahme zu gewähren?
❖ Ist das Management (alle betroffenen Ebenen) bereit,
    a) sich auf den Einsatz einer unkonventionellen Methode einzulassen?
    b) unerwartete, von den Mitarbeitern entwickelte Ergebnisse zu akzeptieren und zu würdigen?
    c) die Umsetzung der Ergebnisse – auch außergewöhnliche und innovative – mit Ressourcen und Anerkennung zu unterstützen?
❖ Welche Ressourcen stehen den Betroffenen bei der Umsetzung der Ergebnisse nach der Veranstaltung zur Verfügung?
❖ Wie viele und welche Hierarchieebenen sind betroffen?

❖ Gibt es seitens des Managements Unsicherheiten, die vor der Veranstaltung berücksichtigt und ausgeräumt werden sollten?

❖ Gab es bereits Anlässe, zu denen Mitarbeiter beteiligt wurden? Wie verliefen diese Prozesse?

❖ Gibt es Grenzen, die den offenen Raum der Veranstaltung limitieren könnten, zum Beispiel Budgetlimits?

❖ Wie kann das Management seine Aufgeschlossenheit gegenüber der Veranstaltung und der Beteiligung aller Betroffenen vermitteln?

❖ Hierarchieebenen werden bei der Open Space-Veranstaltung weitestgehend überwunden. Alle Teilnehmenden sind gleichberechtigt.

❖ Das »Gesetz der zwei Füße« bedeutet, dass auch Führungskräfte alleine in einem Workshop sein können.

Darüber hinaus sind die Dauer der Veranstaltung und der Termin zu klären. Je nachdem, welche Ergebnisse im Vorgespräch erzielt wurden, ergeben sich die drei folgenden möglichen Konsequenzen:

1. Keine Fragestellung bzw. kein Anlass für eine Open Space-Veranstaltung.
2. Eine Open Space-Veranstaltung ist sinnvoll, aber weitere Vorbereitungen mit dem Management sind notwendig, bevor die Planung beginnen kann.
3. Ein Fall für eine Open Space-Veranstaltung. Die Planung kann beginnen.

Ist vom Management die Durchführung einer Open Space-Veranstaltung entschieden, kann mit einem Vorbereitungszeitraum von ungefähr zwei Monaten gerechnet werden.

Vorbereitung der Open Space-Veranstaltung mit der Planungsgruppe

Die Open Space-Veranstaltung sollte mit einer Planungsgruppe aus der durchführenden Organisation vorbereitet werden. Sie besteht aus einem Querschnitt aller von der Situation betroffenen Personen. Vertreten sind alle angesprochenen Hierarchien und Funktionen. Die Teilnahme in der Planungsgruppe ist selbstverständlich freiwillig. Die Einladung hierfür erfolgt durch das Management.

Die Planungsgruppe: Ein Querschnitt aller Betroffenen

Durch die Einbindung einer Planungsgruppe in die Vorbereitung der Veranstaltung lassen sich folgende positive Effekte erzeugen:

Die Planungsgruppe schafft die Voraussetzung für die erfolgreiche Veranstaltung

❖ Der demokratische Ansatz von Open Space wird unterstützt. Die Betroffenen planen selbst bestimmt »ihre eigene« Veranstaltung. Mit einer erhöhten Akzeptanz der Veranstaltung ist zu rechnen.
❖ Jedes Mitglied der Planungsgruppe dient als Multiplikator für die Ziele der Veranstaltung.
❖ Die Verantwortung für die Veranstaltung und damit auch die Initiative, an der Situation etwas zu verändern, wird bereits hier an die Betroffenen weitergereicht.
❖ Das mit der Planungsgruppe bestimmte Leitthema spricht mit großer Wahrscheinlichkeit die Eingeladenen an. Denn die Planungsgruppe stammt aus ihrer Mitte. Sie ist somit ein Teil der Zielgruppe.
❖ Die Treffen der Planungsgruppe dienen dazu, mögliche »unter den Teppich gekehrte« Themen aufzudecken und in der Vorbereitung zu berücksichtigen.

Die Gruppe kann aus fünf bis maximal 20 Mitgliedern bestehen. Mit einer kleineren Gruppe von fünf bis zehn Personen zu planen, ist erfahrungsgemäß leichter. Um die oben genannten positiven Effekte in der Breite zu verstärken, ist ein größerer Kreis bis zu 20 Personen sinnvoll. Ein bis zwei Termine werden mit der Gruppe vereinbart. Darüber hinaus stehen einzelne Mitglieder der Gruppe während der gesamten Planungsphase in Kontakt mit der Moderatorin bzw. dem Moderator.

> **Inhalte der Treffen im Überblick:**
>
> ❖ Warum sollte eine Open Space-Veranstaltung durchgeführt werden? Wie stellt sich die Situation aus Sicht des Auftraggebers dar?
> ❖ Wie sieht die Situation aus Sicht der Planungsgruppe aus?
> ❖ Was ist eine Open Space-Veranstaltung? Wie sieht die Durchführung aus? Was kann erreicht werden?
> ❖ Welches sind die Ziele der Veranstaltung?
> ❖ Wer soll eingeladen werden? Wie ist die Zielgruppe zu erreichen?
> ❖ Formulierung des Leitthemas.
> ❖ Erstellung der Einladung.
> ❖ Werbung für die Veranstaltung im Vorfeld.
> ❖ Kommunikation der Ergebnisse nach der Veranstaltung.
> ❖ Wie geht es nach einer Open Space-Veranstaltung weiter?
> ❖ Klärung der Veranstaltungslogistik (Räume, Verpflegung, Material etc.)

Was ist mit der Planungsgruppe vorzubereiten?

Zu Beginn des ersten Treffens vermittelt der Auftraggeber der Gruppe, warum eine Open Space-Veranstaltung aus seiner Sicht durchgeführt werden sollte. Ziele und Chancen der Veranstaltung werden erläutert. Die Gruppe soll die Absicht hinter der Veranstaltung erkennen. Sie soll die Möglichkeit haben, Fragen zu stellen und untereinander sowie mit dem Auftraggeber ins Gespräch zu kommen. Die Situation aus Sicht der Planungsgruppe wird beleuchtet und über eventuelle Unterschiede beider Darstellungen gesprochen. Daraufhin wird von der Moderatorin die Open Space-Veranstaltung erläutert. Aspekte der Durchführung und der Ergebnisse werden reflektiert. Ferner wird gesammelt, was mit der Veranstaltung erreicht werden soll. Sind diese grundsätzlichen Belange geklärt, steht die konkrete Planung der Veranstaltung an.

Um die erwünschte Vielfalt in der Teilnehmerschaft zu erreichen, sollten alle von der Situation betroffenen Personen zur Open Space-Veranstaltung eingeladen werden. Bezüglich der Zielgruppe gilt es, Folgendes mit der Planungsgruppe zu klären:

Welches ist die Ziel-
gruppe der Veranstal-
tung?

❖ Wer soll teilnehmen? Hier ist besondere Aufmerksamkeit vonnöten. Es besteht die Gefahr, dass elementare Teilgruppen der Zielgruppe unberücksichtigt bleiben.

❖ Wie aufgeschlossen erscheint die Zielgruppe gegenüber einer Open Space-Veranstaltung?

❖ Mit wie vielen Teilnehmenden kann gerechnet werden?

Falls aufgrund enger Raumkapazitäten nicht alle Betroffenen teilnehmen können, wird die Teilnehmerzahl begrenzt. Möglichkeiten der Beschränkung der Teilnehmerzahl sind zum Beispiel: das »*First-in-Prinzip*«. Wer sich zuerst anmeldet, nimmt teil. Dieses Verfahren ist allerdings nicht optimal, um dem Querschnitt der Zielgruppe die Teilnahme zu ermöglichen. Daher sollte jeder Teilgruppe der Zielgruppe ein Teilnehmerkontingent zugewiesen werden. Innerhalb dieses Kontingentes gilt das »First-in-Prinzip«. Mit diesem Verfahren wird der angestrebte Teilnehmerquerschnitt des Systems gewahrt.

Was bedeutet
das Leitthema?

Das Leitthema ist ein Spiegelbild der zu bewältigenden Situation. Es beschreibt die Situation und macht deutlich, dass gemeinsam Lösungen erarbeitet werden können. Es gibt eine Orientierung des angestrebten Zustandes.

»Hurra,
das Gesundheitswesen
kommt! Mit eigener
Kompetenz Visionen
entwickeln.«

In diesem Leitthema steckt die Situation: Ein neues Gesundheitswesen ist zu erwarten. Alle davon abhängigen Einrichtungen müssen sich darauf einstellen. Im Moment ist noch nicht klar, wie mit den gesetzlichen Veränderungen umgegangen werden kann bzw. soll. Unsicherheit besteht. Das Leitthema verdeutlicht den Wunsch, aus eigenem Antrieb heraus Maßnahmen zu entwickeln, um die Anpassung an die neuen Bestimmungen kompetent und selbstbewusst zu vollziehen. Für das Leitthema gelten inhaltliche und formelle Bedingungen:

Bedingungen für das Leitthema

❖ Bei der Zielgruppe muss es Betroffenheit auslösen.
❖ Es sollte komplex (und kann auch konfliktär) sein.
❖ Ein Diskussionsspielraum ist gegeben.
❖ Es muss relativ kurz und einfach zu verstehen sein.
❖ Einen Appell bzw. eine Richtung sollte es aufzeigen.
❖ Es sollte eine Wir-Botschaft haben.
❖ Vorzugsweise positive Begriffe sollten beinhaltet sein.

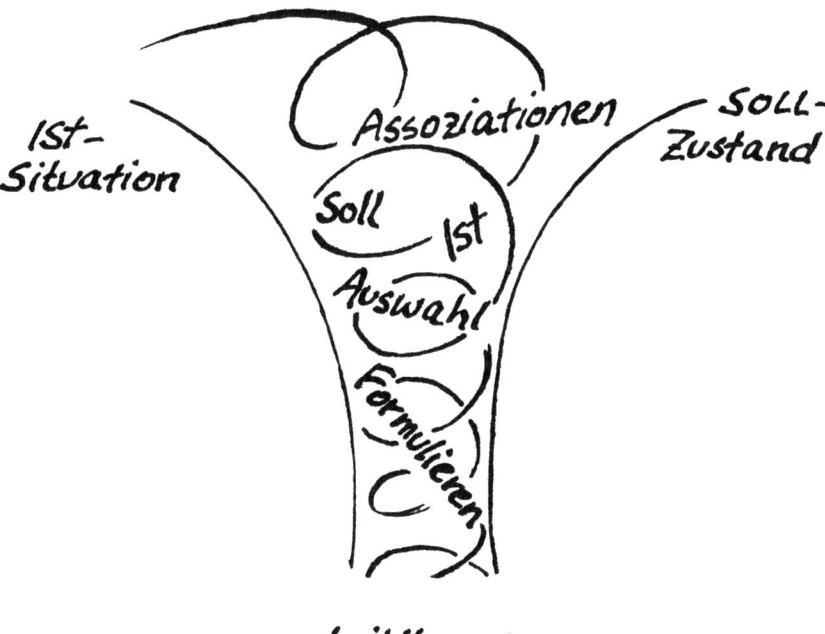

Formulierung des Leitthemas

Das Leitthema zu finden und zu formulieren ist eine äußerst wichtige Aufgabe der Planungsgruppe. Erfahrungsgemäß kann es bis zu drei Stunden dauern, bis das Thema so formuliert ist, dass es alle Mitglieder der Planungsgruppe anspricht und die jetzige Situation sowie den angestrebten Zielzustand wiedergibt. Dieser Prozess kann in mehrere Arbeitsschritte unterteilt werden.

Arbeitsschritte zur Formulierung des Leitthemas der Veranstaltung:

Schritt für Schritt
zum Leitthema

1. Schritt: Sammeln von Begriffen und Beschreibungen zur jetzigen Situation (Ist-Situation).
2. Schritt: Sammeln von Begriffen und Beschreibungen zum angestrebten Zustand (Sollzustand).
3. Schritt: Auswahl von Begriffen aus 1 und 2, die gut in das Leitthema passen könnten.
4. Schritt: Assoziationen zu 3 dazufügen.
5. Schritt: Auswahl von Begriffen aus 3 und 4 in Bezug auf die Intention der Veranstaltung und mit Berücksichtigung auf die Zielgruppe und die Bedingungen an das Leitthema. Die meisten Mitglieder der Planungsgruppe sollten hinter dieser Auswahl stehen.
6. Schritt: Mit der aus dem 5. Schritt markierten Auswahl von Begriffen Formulierungsvorschläge bilden.
7. Schritt: Formulierungen optimieren.
8. Schritt: Prüfen, ob das erarbeitete Leitthema die jetzige Situation und den angestrebten Zustand beschreibt, die Bedingungen an das Thema erfüllt und die Zielgruppe anspricht.

Finden und Formulieren des Leitthemas

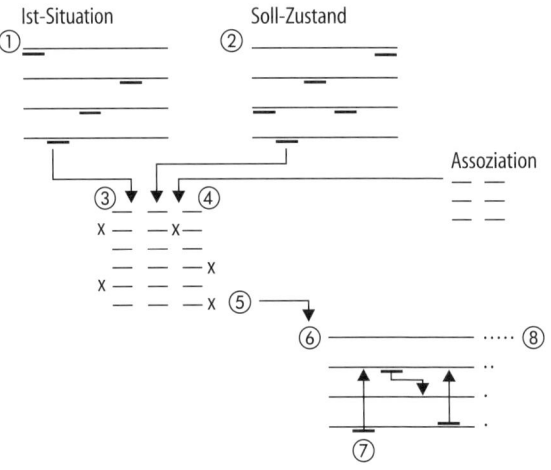

Nicht immer ist es notwendig, für die Erarbeitung des Leitthemas so viele Arbeitsschritte zu vollziehen. Manchmal liegt es auf der Hand, wie das Thema heißen könnte. Oder ein kurzes Brainstorming bringt bereits eine optimal zutreffende Formulierung.

Die Einladung soll die Betroffenen nicht nur zum Kommen auffordern und die organisatorischen Belange klären. Sie soll darüber hinaus die Zielgruppe auf die eigenverantwortliche Rolle vorbereiten. Die Bestandteile der Einladung werden mit der Planungsgruppe besprochen. Der Entwurf, die Versendung und die Anmeldeformalitäten werden von einem Verantwortlichen aus der Planungsgruppe erledigt.

Die Einladung bereitet die Teilnehmenden vor

In Bezug auf die Einladung werden gemeinsam folgende Aspekte geklärt:

❖ Bis wann soll die Einladung an alle Betroffenen versandt werden?
❖ Soll neben der schriftlichen Einladung, beispielsweise in Besprechungen, per Aushang, E-Mail im Intranet oder über andere organisationsinterne Medien eingeladen werden?
❖ Wer lädt ein? Das Management, die Planungsgruppe oder beide?
❖ Wie soll das Layout der Einladung gestaltet werden? Wird das organisationsinterne Layout genutzt oder soll die Veranstaltung davon abweichend gestaltet werden?
❖ Die Einladung sollte kurz, einfach, erklärend und spannend gestaltet sein.

Checkliste: Inhalte der Einladung	✓
Nennung des Leitthemas mit kurzer Erläuterung, warum es »uns« interessiert; Appell an die Gemeinsamkeit.	
Ziele der Veranstaltung.	
Hinweis auf die Freiwilligkeit der Teilnahme.	
Hinweis auf die eigenverantwortliche Rolle der Teilnehmenden.	
Kurze Beschreibung der Open Space-Methode.	
Hinweis auf eine mögliche Teilnahmebeschränkung und wie sie zustande kommt.	
Anmeldeschluss.	
Ort und Zeit der Veranstaltung.	
Hinweis auf Kleidung bzw. den informellen Rahmen.	
Hinweis auf Anfahrt (Bus bzw. Mitfahrmöglichkeiten).	
Anfahrtsskizze, Parkmöglichkeiten bzw. Übernachtungsmöglichkeiten.	

Werbung für die Veranstaltung

Gemeinsam mit der Planungsgruppe wird diskutiert, ob für die Konferenz im Vorfeld Werbung gemacht werden sollte und wenn ja, wie. Werbung wird sinnvoll, wenn die Akzeptanz der Veranstaltung und damit auch die Teilnehmerzahl erhöht werden soll.

Es ist zweckmäßig zu überprüfen, inwiefern die bestehende Kommunikationsstruktur des Unternehmens bzw. der Organisation für die Werbung eingesetzt werden kann. So kann zum Beispiel über die Unternehmenszeitung, über Aushänge oder sonstige Informationskanäle informiert werden. Die Mitglieder der Planungsgruppe verstehen sich als Ansprechpartner für mögliche Fragen. Betriebsrat und Führungskräfte können in Zusammenkünften informieren.

Kommunikation der Ergebnisse nach der Veranstaltung

Die Verbreitung der Ergebnisse in das Unternehmen bzw. in die Organisation nach einer Veranstaltung ist elementar für eine nachhaltige Veränderung. Alle betroffenen Personen müssen nach der Veranstaltung über initiierte Projekte und Projektstände auf dem Laufenden gehalten werden. Die Motivation sollte so lange wie nur möglich auf hohem Niveau gehalten werden.

Es bietet sich an, gemeinsam mit der Planungsgruppe zu ergründen, welche Kommunikationswege und -mittel am geeignetsten sind, um Informationen zu vermitteln. Das können dieselben Kanäle wie zuvor bei der Werbung für die Veranstaltung sein, aber auch ganz neue.

Das Konzept der Open Space-Veranstaltung wird mit der Planungsgruppe durchgesprochen. Die Moderatorin oder der Moderator erläutert, wie am dritten Tag der Veranstaltung die Ergebnisse gesichert und in das Unternehmen bzw. in die Organisation getragen werden. Die Planungsgruppe erhält Hinweise, wie sie mit den Ergebnissen nach der Veranstaltung umgehen und wie sie eine Folgeveranstaltung durchführen kann (siehe Seite 128).

Wie geht es nach einer Open Space-Veranstaltung weiter?

Veranstaltungslogistik: Checklisten

Unter der Veranstaltungslogistik ist die Auswahl der Tagungsstätte, die Beschaffung des Materials sowie die Planung der Verpflegung zu verstehen. Auf die reibungsfreie Verfügung von Material, Räumen etc. sollte großen Wert gelegt werden. Erfahrungsgemäß nimmt die Suche nach einer geeigneten Tagungsstätte die meiste Zeit in Anspruch.

Gute Logistik als Schlüssel zum Erfolg

Tagungsstätte

Checkliste: Tagungsstätte	✓
Freundliche Umgebung. Optimalerweise für Spaziergänge geeignet.	
Nahe liegende Restaurants für den abendlichen Gedankenaustausch der Teilnehmenden.	
Die Leitung der Tagungsstätte über die Besonderheiten der Veranstaltungsmethode informieren.	
Gute Erreichbarkeit mit öffentlichen Verkehrsmitteln oder mit dem Auto.	
Ausreichend Parkplätze.	
Ausreichend Übernachtungsmöglichkeiten für alle Teilnehmenden.	
Gute Ausschilderung der Konferenzräume und der Gruppenräume.	
Zimmer reservieren.	
Plenumsraum und Workshop-Räume reservieren.	

Plenumsraum

Checkliste: Plenumsraum	✓
100 Personen auf Stühlen in hintereinander gestellten Stuhlreihen entsprechen 50 Personen in einem Stuhlkreis. Für 100 Personen werden zwei konzentrische Kreise à 50 Personen gebildet.	
Hell. Natürliches Licht ist besser als künstliches. Gute Beleuchtung.	
Warm und belüftbar.	
Gute Akustik.	
Freundliche Atmosphäre.	
Viel Platz an den Wänden, die mit Kreppband beklebt werden können (Zeit- und Raumtafel, Nachrichtenwand, Plakate mit den Leitlinien und »Gesetz der zwei Füße«), oder genügend Stellwände.	
Vorbereitung des Raumes bereits am Vorabend.	

Checkliste: Ausstattung Plenumsraum	✓
Ein Stuhlkreis bzw. konzentrische Stuhlkreise in der Anzahl der Teilnehmer.	
Zeit- und Raumtafel: 3 Meter für 20 Personen für einen Tag (4 Räume mit 3 Zeiteinheiten); 2 x 6 Meter für 100 Personen und für zweieinhalb Tage (je 8 Räume mit 3 und 4 Zeiteinheiten).	
Nachrichtenwand: bei 100 Personen, für zweieinhalb Tage: 6 Meter. Wenn keine freien Wände zur Verfügung stehen, Pinwände mit Papier bespannt, 5 pro Tag.	
Ab 70 Teilnehmern 1 mobiles Mikrofon.	
Pinwände für die Anzahl der Gruppen, die in diesem Raum arbeiten können.	
Material pro Gruppen, die in diesem Raum arbeiten können (siehe Ausstattung Gruppenräume).	
Tische für die Notebooks (1 Tisch für 2 Notebooks).	
Stromversorgung für die Notebooks.	
Tische für das Büfett.	
Rezeptionstisch für die Teilnehmer: Teilnehmerliste, Namensschilder, Teilnahmebescheinigung.	
Adressaufkleber und Stifte für die Namensschilder.	
Materialtisch (siehe Material).	
Flipchart für Ablaufplan.	
Plakat mit Leitthema.	
Ablaufplan.	
Willkommensschild.	
Leitlinien und »Gesetz der zwei Füße«.	
Lageplan der Räumlichkeiten.	
Material für die Themensammlung: Themenblätter, Protokollformulare, Deckblatt für Dokumentationsband, Moderationsmarker.	
Fineliner (schwarz für die Zeit- und Raumtafel, 1 pro Feld).	

Ausstattung Plenumsraum

Gruppenräume

Checkliste: Gruppenräume	✓
Ein Gruppenraum kann entweder ein Zimmer, eine Sitzecke im Foyer oder Restaurant, im Garten oder ein Stuhlkreis im Plenumsraum sein.	
Anzahl der Gruppenräume: **Ein-Tages-Veranstaltung** 20 Pers. 3, 30 Pers. 4, 40 Pers. 6, 50 bis 60 Pers. 7, 70 bis 90 Pers. 8, ab 100 Pers. Teilnehmerzahl geteilt durch 12, ab 400 Pers. Teilnehmerzahl geteilt durch 15.	
Anzahl der Gruppenräume: **Zweieinhalb-Tages-Veranstaltung** 20 Pers. 3, 30 Pers. 3, 40 Pers. 4, ab 50 Pers. Teilnehmerzahl geteilt durch 12, ab 400 Pers. Teilnehmerzahl geteilt durch 15.	
7–15 Personen pro Gruppenraum. Die Personenzahl pro Gruppenraum nimmt zu, je höher die Gesamtteilnehmerzahl ist.	
Die Gruppenräume müssen in unmittelbarer Nähe zueinander und zum Plenumsraum sein.	

Ausstattung der Gruppenräume

Checkliste: Ausstattung der Gruppenräume	✓
Raumbezeichnung an der Pinwand oder an der Tür.	
7–15 Stühle im Kreis.	
1 Pinwand oder Flipchart.	
Papier für die Pinwand oder das Flipchart.	
Metaplankarten in verschiedenen Farben und Formen.	
DIN-A4-Blätter in 3 verschiedenen Farben.	
1 Päckchen Nadeln.	
1 Kreppband.	
Protokollformulare.	
Moderationsmarker in verschiedenen Farben (4–8).	
Fineliner schwarz (2–4).	
Das Material gut sichtbar auf den Boden legen, um die Teilnehmer zur Nutzung anzuregen.	

Checkliste: Verpflegung	✓
Vielseitig und jederzeit zur Verfügung, besonders bei einer eintägigen Veranstaltung.	
Details mit dem zuständigen Personal besprechen.	
Verpflegung im Plenumsraum, wenn die Raumgröße es zulässt. Sonst in unmittelbarer Nähe.	
Beim Ankommen schon Getränke bereitstellen.	
Mittagessen: Es sollte möglich sein, das Mittagessen über einen Zeitraum von zwei Stunden einnehmen zu können.	
Kein Alkohol zum Mittagessen.	
Warme und kalte Getränke, Obst am Vormittag jederzeit zur Verfügung, am Nachmittag ein wenig Süßes hinzufügen.	
Abendbrot für einen gemeinsamen Abschied vom Tag.	

Verpflegung

Checkliste: Dokumentation	✓
Notebooks (4 für 50, 7 für 100, 10 für 200, 15 für 300, 20 für 500 Teilnehmer).	
Im Plenumsraum aufstellen.	
Disketten (20 für 50, 40 für 100, 80 für 300 Teilnehmer) oder Vernetzung der Geräte.	
Drucker im Plenumsraum (Notebooks geteilt durch 4).	
Kopierer mit Sorter, Kopierpapier, DIN-A3-kopierfähig.	
Personal, welches Teilnehmer beim Eingeben der Berichte hilft, den Bericht auf DIN-A3-Papier vergrößert und die Nachrichtenwand pflegt.	
Fachpersonal als Hilfestellung für die Anwendung der Notebooks.	
Protokollformular als Eingabemaske.	
Speicheradressen definieren.	
Deckblatt für den Dokumentationsband.	
Heften und binden des Dokumentationsbandes am Ende des zweiten Tages.	
Fotoapparat.	
Bewertungspunkte bzw. Bewertungssoftware.	

Dokumentation

Material (gesamt)

Checkliste: Material (gesamt)	✓
Kopierer mit Sorter, DIN-A3-kopierfähig. Kopierpapier.	
Stühle (Teilnehmeranzahl multipliziert mit zwei).	
Tische (Service, Material, Notebooks, Verpflegung).	
Pinwände (je Gruppenraum).	
Flipchart (2 Stück). Wenn keine Pinwände in den Gruppenräumen, auch je eine je Gruppenraum.	
Flipchartpapier, Pinwandpapier (Anzahl der Zeiteinheiten multipliziert mit der Anzahl der Gruppenräume multipliziert mit zwei).	
Metaplankarten in verschiedenen Farben und Formen (500 Stück für 20 Personen).	
DIN-A4-Blankopapier in verschiedenen Farben und Formen (insgesamt 500 Stück für 50 Personen).	
Pinwandnadeln (je Gruppenraum).	
Adressaufkleber als Namensschilder (Anzahl der Teilnehmer).	
Kreppband (je Gruppenraum).	
Hefter, Schere.	
Moderationsmarker in verschiedenen Farben (je Teilnehmer, ab ungefähr 500 Personen Teilnehmerzahl geteilt durch zwei).	
Fineliner schwarz (je Teilnehmer, ab ungefähr 500 Personen Teilnehmerzahl geteilt durch zwei).	
Ablaufplan, Willkommensschild.	
Plakat mit Leitthema.	
Richtungspfeile für die Räume.	
Leitlinien und »Gesetz der zwei Füße« auf Plakaten.	
Protokollformulare.	
Themenblatt 1 und 2.	
Deckblatt für den Dokumentationsband.	
Notebooks, Drucker, Disketten, Druckerpapier.	
Mikrofonanlage.	
»Talking Stick« für die Endrunde.	
Teilnehmerbescheinigungen. Teilnehmerliste.	
Bewertungspunkte (19 mm Ø) bzw. Bewertungssoftware.	
Pausenglocke.	
Papierkörbe.	

4.2 Tipps: Open Space-Veranstaltung mit 1.000 Personen

Eine Open Space-Veranstaltung mit 1.000 Personen ist für viele schwer vorstellbar. Zugegebenermaßen ist es keine »Alltags-Open Space-Veranstaltung« und sie benötigt eine präzise Planung. Im Folgenden finden Sie einige Aspekte, die bei der Planung einer so großen Veranstaltung zu berücksichtigen sind.

❖ Um 1.000 Personen in einer **Tagungsstätte** unterzubringen, ist ein Kongresszentrum, eine Sporthalle, ein Stadion oder ein Konzertsaal notwendig. Auch im Freien kann eine Open Space-Veranstaltung dieser Größenordnung durchgeführt werden, vorausgesetzt das gute Wetter ist garantiert.

Präzise Planung

❖ Die **Unterbringung** erfolgt in verschiedenen Einrichtungen.

❖ Es gibt ungefähr zehn konzentrische **Stuhlkreise**, vorzugsweise stufenweise nach hinten erhöht.

❖ Im **Kreisinneren** steht ein erhöhtes Podest. So können auch die in den letzten Reihen sitzenden Personen erkennen, was sich dort abspielt.

❖ Die **Zeit- und Raumtafel** ist ungefähr 40 Meter lang.

❖ Die **Zeiteinheiten** pro Workshop sind mindestens 120 Minuten lang. Eine so große Gruppe braucht viel Zeit, um sich zu sortieren, zu orientieren und zusammenzufinden.

❖ Die **Nachrichtenwand** ist auf mehrere Orte verteilt, damit viele Personen gleichzeitig davor stehen und lesen können. Sie ist etwa halb so lang wie die Zeit- und Raumtafel.

❖ Die **Gruppenräume** sollten unterschiedlich groß sein, damit sich bis zu 30 Personen in einem Raum zusammenfinden können.

❖ **Türen und Flure** sollten großzügig angelegt sein, damit mehrere hundert Menschen sich darin bewegen können.

❖ Es sollten genügend **Toiletten** zur Verfügung stehen.

❖ Der **Empfang** der Teilnehmenden wird auf mehrere Eingänge verteilt.

❖ Das **Arbeitsmaterial** wird bereits am Empfang an die Teilnehmenden verteilt. Sie erhalten mehrere Themenblätter und Protokollblätter, einen Moderationsmarker, DIN-A4-Papier und einen Fineliner.

❖ In den **Gruppenräumen** befinden sich ein Flipchart oder eine Pinwand mit ausreichend Papier, weitere Protokollblätter, Moderationsmarker und Kreppband.

❖ Die Sammlung und Erfassung der handschriftlichen Protokolle wird von einem **Veranstaltungs-Sekretariat** mit etwa 20 Mitarbeitern ausgeführt.

❖ Die **Dokumentationsbände** werden nach der Veranstaltung an die Teilnehmenden verteilt.

❖ Die **Leserunde** entfällt.

❖ Für die **Abschlussrunde** werden mehrere schnurlose Mikrofone an die Teilnehmenden gereicht, die sich äußern möchten.

❖ Die **Morgenankündigungen** und **Abendnachrichten** dienen nur der Sammlung weiterer Workshop-Themen.

❖ Die **Verpflegung** sollte an mehreren Orten in der Veranstaltungsstätte verfügbar sein und eventuell von mehreren Küchen oder Cateringfirmen betreut werden. Servicepersonal ist notwendig.

❖ Mehrere **Kopierer** werden benötigt.

❖ Das **Logistikteam** sollte aus 10–15 Personen bestehen.

❖ **Anfahrt** und **Abfahrt** der Teilnehmenden wird organisiert.

❖ Eine exakte **Ausschilderung der Räumlichkeiten** ist wichtig.

❖ Die **Gewichtung der Ergebnisse** erfolgt nach der Veranstaltung entweder per Inter- bzw. Intranet oder Stimmzettel.

❖ **Umsetzungsgruppen** bilden sich nach der Veranstaltung.

4.3 Moderation

Die Moderation ist ein zentrales Element der Methodendurchführung. Für etwa 20 bis 30 Minuten tritt die Moderatorin bzw. der Moderator zu Beginn der Open Space-Veranstaltung ins Zentrum der Aufmerksamkeit. Das Leitthema wird beschrieben und die Open Space-Methode erläutert. Nach der Moderation werden von den Teilnehmenden die Workshop-Themen vorgeschlagen. Daraufhin wird der »Marktplatz« eröffnet. Das heißt, die Teilnehmenden tragen sich in die Workshops ein und gehen dann in ihre Gruppen.

Die Moderation ein zentrales Element

Um die Teilnehmer für die Themensammlung und die Arbeit in den Gruppen in »Schwung« zu bringen, sollte die Moderation 30 Minuten nicht überschreiten. Die Teilnehmenden sollen sozusagen auf den Sprung gebracht werden. Das Gefühl, »es geht gleich los«, sollte entstehen. Die Moderation ist dennoch so ausführlich, dass die Methode anschaulich und verständlich erläutert wird. Die Teilnehmer sollen Sicherheit im Verständnis der Methode gewinnen.

Teilnehmer in »Schwung« bringen

Mehrmals wird die Verantwortung der Teilnehmenden für die Veranstaltung und die Bewältigung der Situation betont. Ihnen soll »fühlbar« gemacht werden, dass sie jetzt ihre Zukunft in die eigenen Hände nehmen können. Vertrauen in die Kompetenz der Anwesenden wird vermittelt. Jede Person in diesem Raum ist bedeutend für den Verlauf der Veranstaltung und für die Bewältigung der Situation. Jede Person ist kompetent. Jeder ist ein Experte auf seinem Gebiet. Alle Workshops sind wertvoll. Es wird die Bereitschaft gefördert, Eigenverantwortung zu übernehmen. Erwartungen bezüglich vieler Ergebnisse und einer gelungenen Veranstaltung werden aufgebaut.

Jede Person ist bedeutend für die Bewältigung der Situation

Die Moderation erfolgt aus der Mitte des Kreises. Die Moderatorin bzw. der Moderator strahlt Ruhe aus. Das Gesagte wird mit Körpersprache und Plakaten unterstützt. Die Sprache ist der Zielgruppe angemessen.

Spannung entsteht durch das Neue an der Methode: die weitgehende Selbstbestimmung aller Teilnehmenden. Die Übertragung der Verantwortung am Gelingen des Open Space auf die Teilnehmerschaft. Die Spannung wird aufgebaut, indem beispielsweise die Lautstärke der Stimme variiert, gezielte

Sprechpausen eingesetzt und Wörter und Sätze abwechslungsreich betont werden. Dieses wird auch eingesetzt, um die Aufmerksamkeit der Teilnehmenden zu bündeln.

Die Moderatorin schafft eine Atmosphäre der Zusammengehörigkeit. Scherze, Blickkontakt oder direkte Ansprache wirken hierbei unterstützend. Es wird ein geschützter Rahmen geschaffen, in dem die Teilnehmenden ihre Workshop-Themen vorschlagen können.

Maximal 30 Minuten Moderation

Verständnisfragen, die sich schnell zur Methodendiskussion entwickeln können, werden in der Regel nicht zugelassen. Wenn die Teilnehmenden Punkte der Moderation nicht vollständig verstanden haben, können sie von anderen Teilnehmenden »abgucken«. Zum einen soll es schnell losgehen und zum anderen wird damit das eigenverantwortliche Handeln der Betroffenen gefördert.

Die Moderation lässt sich in folgende Phasen gliedern:

1. **Begrüßung der Teilnehmenden durch den Auftraggeber**
   Der Auftraggeber eröffnet die Veranstaltung mit einer kurzen Begrüßung. Er dankt den Anwesenden für ihr Erscheinen und ihre Bereitschaft, an der Situation mitzuwirken. In wenigen Worten werden die Entwicklung der Veranstaltung und das Ziel derselben dargestellt. Die Rede sollte kurz, motivierend und positiv sein. Sie sollte den Glauben in die Kompetenz der Teilnehmenden herausstellen. Vorzugsweise ist die Rede frei gehalten und im Vorfeld mit der Moderatorin abgestimmt.

2. **Gegenseitige Wahrnehmung der Teilnehmenden**
   Diese Phase dient dazu, die Aufmerksamkeit der Teilnehmenden zu bündeln, sich gegenseitig wahrzunehmen und sich in dieser Zusammensetzung zu würdigen. Es kommt Ruhe in den Raum. Spannung wird langsam aufgebaut. Die Teilnehmenden werden willkommen geheißen. Die Moderatorin stellt sich vor. Die Kompetenzen und Erfahrungen der Anwesenden werden gewürdigt. Langsam schreitet die Moderatorin den Kreis ab. Sie nimmt mit den Teilnehmenden Blickkontakt auf. Die Gruppe wird gebeten, in die Runde zu schauen, sich dabei die Anwesenheit der anderen bewusst zu machen und den Raum mit ihrer Aufmerksamkeit zu füllen.

3. **Beschreibung des Leitthemas**
   Das Leitthema wird so beschrieben, dass es bei den Teilnehmern ein gemischtes Gefühl auslöst: Einerseits das Gefühl der Unruhe, ob sie wirklich zu ihrer Situation etwas beitragen können und wie sie das machen werden. Andererseits das Verlangen, den beschriebenen Zielzustand aus eigener Kraft zu erreichen. Kurz und bündig sowie je nach Situation auch provokativ wird das Leitthema erläutert. Erwartungen an viele Ergebnisse und an deren Umsetzung in das Unternehmen bzw. in die Organisation werden von der Moderatorin initiiert. Das Potenzial der Anwesenden wird wieder gewürdigt und die Verbindlichkeit der Ergebnisse betont.

4. **Beschreibung der Zeit- und Raumtafel**
   Die Zeit- und Raumtafel wird beschrieben. Dabei wird deutlich gemacht, dass sie »nur« von den Teilnehmenden selbst gefüllt werden wird. Die Verantwortung für den Verlauf und die Inhalte der Veranstaltung wird an die Teilnehmenden abgegeben. Gleichzeitig wird ihre Erwartung in Bezug auf die Zeit- und Raumtafel gesteigert, indem ihnen vertrauenswürdig vermit-

telt wird, dass sie das Wissen haben, diese Tafel mit eigenen Anliegen zu füllen. Hier wird Spannung und Entspannung erzeugt. Die Teilnehmenden sehen die leere Zeit- und Raumtafel und geraten in eine Spannung. Die Entspannung erfolgt durch die Versicherung, dass sie die Tafel in wenigen Minuten gefüllt haben werden (wie Hunderte von anderen Organisationen vor ihnen). Vertrauen in die eigene Kompetenz soll initiiert sowie Sicherheit in das Gelingen der Veranstaltung impliziert werden.

Spannung aufbauen

Genauestens wird erläutert, was an diese Zeit- und Raumtafel angebracht wird: Anliegen, die einem wirklich wichtig sind, für die die Workshop-Einberufer Verantwortung übernehmen möchten, für die sie Leidenschaft haben usw. Kurze Beispiele, was das für Anliegen sein könnten, helfen den Teilnehmenden, eine Vorstellung von ihren eigenen Themen zu bekommen. Was an die Tafel kommt, liegt in den Händen der Teilnehmenden. Wenn sie während der Veranstaltung ein wichtiges Thema vermissen, dann liegt es in ihrer Verantwortung, dazu einen Workshop einzuberufen. Langsam und deutlich wird das »Ritual« der Themennennung vorgestellt und zum besseren Verständnis auch vorgeführt. Das »Ritual«: kurzen Titel ausdenken, in die Mitte des Kreises kommen, Titel auf ein vorbereitetes Blatt schreiben, sich und den Workshop vorstellen und ein Feld auf der Zeit- und Raumtafel auswählen. Jeder darf so viele Anliegen vorschlagen, wie er möchte. Reicht die Zeit- und Raumtafel nicht aus, werden die für diesen Fall vorbereiteten freien Matrixfelder belegt.

Ist das »Ritual« erklärt und vorgemacht, wird erläutert, wie es nach der Themensammlung weitergeht: Eintragen in die Workshops nach Interesse und Engagement, Sammeln in Gruppen. Es wird darauf hingewiesen, dass sich das Material bereits in den Räumen befindet. Auch auf die freie Pausengestaltung, die Zusammenkünfte, das Essen und den Redaktionsschluss wird eingegangen.

Vertrauen in die eigenen Fähigkeiten der Teilnehmenden aufbauen

Bevor die Nachrichtenwand beschrieben wird, wird noch einmal Spannung in Bezug auf die Themensammlung erzeugt. Es wird in Betracht gezogen, was passiert, wenn keine Themen benannt werden. In einer Sprechpause wird in die Runde geschaut. Stille. Die Entspannung kommt, wenn den Teilnehmenden versichert wird, dass sie ja alle zu dieser Veranstaltung gekommen sind, um zur Situation etwas zu bewegen. Gerade deshalb wird sich die Tafel auch mit ihren Anliegen füllen. Sie brauchen nur Ruhe zu bewahren und abzuwarten. Der Hinweis auf den Dokumentationsband, den sie mit nach Hause nehmen, fördert die Erwartung an die Ergebnisse und schafft zum wiederholten Male Sicherheit im Gelingen der Methode.

5. **Darstellung der Nachrichtenwand und Erläuterung der Dokumentation**
   Die Nachrichtenwand wird vorgestellt. Da auch diese leer ist, wird wie bei der Zeit- und Raumtafel auch hier mit der Vorstellung einer vollen Nachrichtenwand gearbeitet. Es folgen Hinweise, wie die Workshop-Inhalte protokolliert werden: Protokollformular, Notebooks, Dokumentationsband. Zum besseren Verständnis werden die Protokollvorlage und das Deckblatt des Dokumentationsbandes gezeigt. Die Teilnehmenden erhalten den Hinweis, wer für die Protokolle verantwortlich ist und wann Redaktionsschluss ist. Besonderer Wert wird darauf gelegt, die Gründe zur Erstellung der Dokumentation zu erläutern. Die Teilnehmenden sollen erkennen, dass sie ihre Ergebnisse zu ihrem eigenen Nutzen protokollieren.

6. **Erklärung der Leitlinien**
   Die Leitlinien werden anhand der im Plenumsraum aufgehängten Plakate erläutert. Für die meisten Teilnehmenden sind die Leitlinien neu. Da sie das effektive Arbeiten fördern und für eine lockere Arbeitsatmosphäre sorgen, sollten sie ausführlich beschrieben werden (siehe Seite 74).
   »*Wer kommt, ist die richtige Person.*«
   »*Offenheit für das, was passiert.*«
   »*Es beginnt, wenn die Zeit reif ist.*«
   »*Vorbei ist vorbei.*«

7. **Erläuterung des »Gesetzes der zwei Füße«**
   Auf die klare Erläuterung des Gesetzes sollte große Bedeutung gelegt werden. Das »Gesetz der zwei Füße« muss deutlich als Gesetz hervorgehoben werden. Es ist für die meisten Teilnehmenden ungewohnt und schwer nachzuvollziehen. Deshalb müssen sie sozusagen von der Moderatorin die »Erlaubnis« erhalten, sich nach dem Gesetz richten zu dürfen. Die Phänomene »Hummeln« und »Schmetterlinge« werden ausführlich erläutert und mit Hilfe der Plakate untermauert. Der Hinweis, dass auch Workshop-Einberufer »hummeln« dürfen, ist sinnvoll, damit die Einberufer auch den Freiraum haben, ihren eigenen Workshop zu verlassen.
   Schließlich wird darauf hingewiesen, dass Vielredner, Egoisten und Besserwisser aufgrund des Gesetzes möglicherweise irgendwann alleine in ihrem Workshop sein werden.

Das Gesetz deutlich hervorheben

8. Einladung zur Themennennung

Zur Wiederholung wird das »Ritual« noch einmal erklärt – sowie vorgemacht. Nun kann es losgehen. Die Teilnehmenden werden dazu eingeladen, ihre Anliegen zu benennen und die Zeit- und Raumtafel zu füllen.

Während die Anwesenden ihre Workshop-Themen vorschlagen, sitzt die Moderatorin vorzugsweise auf der gegenüberliegenden Seite der Zeit- und Raumtafel oder gibt Hilfestellung an der Zeit- und Raumtafel. Ebbt die Themennennung ab, kann die Moderatorin die Teilnehmenden dazu ermuntern, die jetzige Chance wahrzunehmen, um ihre Themen vorzubringen. Besteht kein Bedarf mehr, Themen vorzustellen, entsteht ein Stimmengewirr und die Teilnehmenden schauen verstärkt auf die Zeit- und Raumtafel. Dann ist die Zeit gekommen, die Themensammlung zu schließen.

9. Eröffnung des »Marktplatzes«

»Jetzt geht es los!«   Die Teilnehmenden werden gebeten, sich nach ihrem Engagement in die Workshops einzutragen. Mehrfacheintragungen sind möglich (»Hummel«). Im Verlauf der Veranstaltung können weitere Workshop-Themen vorgeschlagen werden. Sind die Gruppen sehr groß, sollte eine Teilung vorgenommen werden. Das Workshop-Thema wird dann von zwei Gruppen bearbeitet. Workshops können auf Wunsch von Teilnehmenden zeitlich verlegt werden. Ähnliche Workshop-Themen sollten getrennt behandelt werden, damit sie aus verschiedenen Perspektiven bearbeitet werden und die Gruppen kleiner bleiben. Kleine Gruppen arbeiten effektiver als große Gruppen.

Phasen der Moderation

1. Begrüßung der Teilnehmenden durch den Auftraggeber.
2. Gegenseitige Wahrnehmung der Teilnehmenden.
3. Beschreibung des Leitthemas.
4. Beschreibung der Zeit- und Raumtafel.
5. Darstellung der Nachrichtenwand und Erläuterung der Dokumentation.
6. Erklärung der Leitlinien.
7. Erläuterung des »Gesetzes der zwei Füße«.
8. Einladung zur Themensammlung.
9. Eröffnung des »Marktplatzes«.

4.4 Qualitätsmerkmale in der Praxis

Die Erfahrung hat gezeigt, dass oftmals wichtige Merkmale für eine erfolgreiche Open Space-Veranstaltung vernachlässigt werden. Daher sind die wichtigsten Punkte hier noch einmal zusammengefasst.

❖ **Das richtige Thema**
Das Leitthema der Veranstaltung muss bei der angesprochenen Zielgruppe Betroffenheit oder zumindest großes Interesse auslösen. Ansonsten kann es sein, dass nur wenige Teilnehmer zur Veranstaltung kommen. Um sicher zu gehen, dass das Leitthema wirklich Betroffenheit auslöst, ist es wichtig, dieses mit einer Planungsgruppe aus der betroffenen Organisation zu bestimmen.

❖ **Gute Themenformulierung**
Das Leitthema muss einen weiten Diskussionsrahmen bieten. Es sollte aber nicht zu vage oder unklar beschrieben werden, da die Teilnehmenden sonst die Richtung aus den Augen verlieren könnten. Ein in der Formulierung enthaltener Appell fördert die Identifikation der Eingeladenen mit dem Thema.

Das Thema muss bewegen

❖ **Freiwillige Teilnahme**
Die Teilnahme an der Veranstaltung muss freiwillig erfolgen. Nur so kann das Prinzip der Selbstbestimmung eingehalten und eine hohe Motivation zur Mitarbeit erwartet werden. Besonders in Organisationen mit einer Mitarbeiterzahl von etwa 20 Personen besteht die Gefahr, dass die Teilnahme aus Gruppenzwang erfolgt. Hier müssen der Moderator und die Organisationsleitung darauf achten, dass auf die eingeladenen Personen kein Druck ausgeübt wird.

❖ **Vielfältige bzw. heterogene Teilnehmerschaft**
Die Vielfältigkeit der Teilnehmerzusammensetzung ist eine elementare Voraussetzung bei der Durchführung der Methode. Die Vielfältigkeit kann sich aus den Unterschieden bei den Teilnehmenden zum Beispiel in den Bereichen Erziehung, Ethik, Wirtschaft, Politik, Kultur, Alter,

Funktion und der sozialen oder hierarchischen Position innerhalb des Systems ergeben. Dem Moderator obliegt die Aufgabe, Kriterien der Vielfalt mitzubestimmen und dementsprechend die Einladungen zu versenden. Der Kreis der Eingeladenen bedingt die Vielfalt und Anzahl der Teilnehmer.

❖ **Maßgeschneiderte Einladung**

Der Inhalt der Einladung sollte für die Zielgruppe maßgeschneidert werden. Sie sollte auf die Methode und die eigenverantwortliche Rolle der Teilnehmer hinweisen. Dies kann die etwaige Unsicherheit der Teilnehmer bezüglich der Methode mindern, sie motivieren und die Bereitschaft, Eigenverantwortung zu übernehmen, schon im Vorfeld fördern.

❖ **Unterstützung durch die Führungsebene**

Offenheit in der Organisationsleitung schafft Verbindlichkeit

Eine Voraussetzung für den Einsatz von Open Space ist die Verbindlichkeit der Unternehmens- bzw. der Organisationsleitung gegenüber dem Prozess sowie gegenüber den Mitarbeitern. An der Veranstaltung teilnehmende Führungskräfte dürfen keine Kontrolle auf die Mitarbeiter ausüben. Diese sollen ohne Leistungsdruck arbeiten können. Bei der anschließenden Umsetzung der Ergebnisse in das Unternehmen bzw. in die Organisation besteht die Erwartung an das Management, dass dieses die Umsetzung unterstützt und fördert. Der Moderator sollte vor der Durchführung einer Open Space-Veranstaltung die Bereitschaft dazu abklären.

❖ **Der richtige Raum**

Räumlichkeiten mit ausreichendem Platz für den Sitzkreis und die Arbeitsgruppen sowie die Zeit- und Raumtafel und die Nachrichtenwand gehören zur Grundausstattung bei der Durchführung von Open Space. Je größer die Gruppe, desto mehr Platz muss die Zeit- und Raumtafel bieten. Um das »Hummeln« zu unterstützen, sollten sich die Gruppenräume in unmittelbarer Nähe zueinander und zum Plenumsraum befinden. Für eine eintägige Veranstaltung ist die Vielfalt der Räumlichkeiten und der Umgebung nicht unbedingt bedeutend. Dagegen ist die atmosphärische Gestaltung derselben für das Wohlbefinden der Teilnehmenden und das Ergebnis der Veranstaltung wichtig.

❖ **Das Essen als Zentrum der Gemeinsamkeit**

Der Verpflegungsbereich und der Arbeitsraum sollten möglichst eine Einheit bilden. Die Arbeits- und Pausenphasen fließen dadurch ineinander über. Das bietet den Teilnehmern verstärkt die Möglichkeit, in den Pausen über das Leitthema der Veranstaltung und die Workshop-

Inhalte zu reden und gleichsam das Essen als Zentrum der Gemeinsamkeit wahrzunehmen. Eine vielfältige Verpflegung, die dauerhaft zur Verfügung steht, ist hierbei von Vorteil. Steht die Verpflegung nur phasenweise zur Verfügung, reglementiert dies die Teilnehmer bei der Pausengestaltung.

❖ **Material für »vielfältige Ergebnisse«**
Das Open Space-Standardangebot an Arbeitsmaterialien (Flipchart, Marker, Klebeband und Papier) ermöglicht nur bedingt kreativen Ausdruck. Es sollte für ein umfangreicheres Angebot gesorgt werden, um die Mitarbeiter vom »Arbeiten mit Papier und Stift« wegzubewegen und ihnen das Gefühl von »Spaß am Prozess« zu vermitteln.

❖ **Zweieinhalb Tage**
Wünscht der Initiator der Veranstaltung die Erstellung der Dokumentation und die Ergebnissicherung – was für die Verarbeitung der Ergebnisse sinnvoll, wenn nicht sogar notwendig ist –, wird eine Dauer von zweieinhalb Tagen dringend empfohlen.

❖ **Der richtige Start**
Die Einführung mit der Vorstellung des Leitthemas sowie der Erläuterung der Methode und der Themensammlung ist eine der wichtigsten Aufgaben des Moderators. Die Einführung sollte kurz sein, um die Teilnehmer in »Schwung« zu bringen. Daneben ist zu beachten, dass die Methodenanwendung ausführlich genug erklärt wird. Vor allem die Themensammlung darf nicht zu früh vom Moderator abgebrochen werden. Ein zu früher Abbruch führt zur Motivationsminderung innerhalb der Gruppe. Wichtig ist ein optimales »Timing« seitens des Moderators. Die Bewegung des Moderators im Kreis der Teilnehmer ist wichtig, um Nähe zu den Teilnehmern herzustellen, Dynamik zu erzeugen und Spannung aufzubauen.

Optimales »Timing« durch die Moderation

❖ **Toleranz gegenüber Blockaden**
Sollten die Teilnehmenden bei der Themennennung offensichtlich Hemmungen haben, im Kreis ihre Themen anzubieten und es trotz wiederholter Hinweise von ihrem Platz aus bevorzugen, so sollte der Moderator dieses tolerieren.

❖ **Einhaltung des Regelwerkes**
Die Leitlinien und das »Gesetz der zwei Füße« sollten verständlich und vertrauensbildend vermittelt werden. Besonders das »Gesetz der zwei Füße« muss, damit die Teilnehmer es befolgen, sicher vermittelt werden. Kulturelle Unterschiede sollten ebenso berücksichtigt werden wie die Situation hierarchieübergreifender Teilnahme. Es muss Konsens

darüber herrschen, dass Teilnehmer, die einen von einer Führungskraft geleiteten Workshop verlassen, nicht im Anschluss an die Veranstaltung mit Nachteilen zu rechnen haben.

❖ **Kurze und informative Zusammenkünfte der ganzen Gruppe**
Die Funktion der Zusammenkünfte der ganzen Gruppe muss definiert werden. Die Zusammenkünfte sind relativ kurz und informativ in Bezug auf die organisatorischen Belange und das Erlebte zu gestalten. Lange und belastende gruppendynamische Sitzungen sollten vermieden werden.

❖ **Zeitlicher Ablauf**
Im Verlauf der gesamten Veranstaltung sollten die Ansprüche der Teilnehmer bezüglich der Zeit berücksichtigt werden. Ein offener Ablaufplan ohne starre Festlegung von Pausen und mit einem relativ offenen Ende der Veranstaltung kommt der Selbstbestimmung der Teilnehmer über den zeitlichen Ablauf der Veranstaltung entgegen.

❖ **Leserunde und Abschluss**
In Anbetracht der Umsetzung der Workshop-Ergebnisse sollten die Leserunde und das Gewichten der Ergebnisse stattfinden. Die Abschlussrunde mit dem »Talking Stick« ist sinnvoll zur Reflexion der Veranstaltung und deren Ergebnisverwertung im Anschluss an die Veranstaltung.

❖ **»Raum und Zeit schaffen und sichern«**
Der Moderator sollte einen Rahmen gestalten, in dem die Teilnehmenden effektiv arbeiten können. Er sollte unter anderem eine gute Atmosphäre schaffen und den Teilnehmenden Vertrauen in die eigenen Potenziale vermitteln. Darüber hinaus sollte er authentisch auftreten.

❖ **Kontrolle des Moderators**

Der Moderator gibt die Kontrolle an die Gruppe

Der Moderator muss in der Lage sein, die Kontrolle an die Gruppe abzugeben. Trotzdem sollte er eingreifen, wenn der Prozess durch Missachtung der Leitlinien und des Gesetzes nachhaltig gestört oder der Freiraum der Teilnehmenden eingeschränkt wird.

Zusammenfassung

Die Planung einer Open Space-Veranstaltung beginnt mit einem klärenden Gespräch mit dem Auftraggeber bzw. Management. Erst wenn hier die Grundlagen für eine Open Space-Veranstaltung gelegt sind, kann die Vorbereitung der Veranstaltung mit der Planungsgruppe beginnen.

Die Planungsgruppe besteht aus einem Querschnitt der betroffenen Personengruppe. Ihre Einbindung in die Vorbereitung der Veranstaltung fördert unter anderem die Akzeptanz derselben. Die Verantwortung für die Veranstaltung wird auf mehrere Personen verteilt. Gemeinsam mit der Planungsgruppe wird die Zielgruppe bestimmt, das Leitthema formuliert, Werbemaßnahmen entwickelt, die Logistik geplant und vieles mehr.

Eine Open Space-Veranstaltung mit 1.000 Personen benötigt eine präzise Planung. Einige Planungsaspekte unterscheiden sich stark von der Vorbereitung einer Veranstaltung mit zum Beispiel 50 Personen.

Der Moderation wird große Bedeutung beigemessen. Sie soll Ruhe und Sicherheit für die Methode ausstrahlen. Sie soll Vertrauen in die Kompetenz der Teilnehmenden vermitteln und für eine gute Atmosphäre sorgen. Die Moderation ist in mehrere Phasen gegliedert. Jede Phase baut aufeinander auf und hat Hinweise, die auf jeden Fall bei der Moderation berücksichtigt werden sollten.

Mancher denkt vielleicht, dass sich Open Space einfach und ohne große Vorüberlegungen einsetzen lässt. Für eine gute Durchführung ist jedoch eine Vielzahl von Qualitätsmerkmalen zu berücksichtigen.

5 Was folgt nach einer Open Space-Veranstaltung?

5.1 Was ist wichtig für die Fortführung der Ergebnisse?

Auf einer Open Space-Veranstaltung werden **handfeste Ergebnisse** erarbeitet: Workshops werden vorgeschlagen, Lösungsvorschläge und Umsetzungsmaßnahmen für den angestrebten Zielzustand vereinbart, Protokolle geschrieben und zum Dokumentationsband zusammengestellt. Die Resultate werden gewichtet und schließlich Umsetzungsgruppen gebildet. Diese Ergebnisse sind sichtbar, zählbar und können in Papierform mit nach Hause genommen werden.

Darüber hinaus werden bei einer Open Space-Veranstaltung **informelle Ergebnisse** erreicht: Dies sind unter anderem die gesteigerte Selbstverantwortung und -organisation der Mitarbeiter, die Motivation der Teilnehmenden, sich für ihre Situation einzusetzen, das Gemeinschaftsgefühl, der Mut, die eigenen Workshop-Themen vorzuschlagen und die erhöhte Kommunikationsbereitschaft bzw. -fähigkeit zwischen Personen verschiedener Hierarchien und Funktionen. Informelle Ergebnisse lassen sich beobachten und fühlen. Sie sind jedoch schwer messbar.

Handfeste und informelle Ergebnisse sind gleichermaßen wichtig

Die handfesten und informellen Ergebnisse sind gleichermaßen wichtig. Sie hängen eng miteinander zusammen. So entsteht durch das Engagement der Teilnehmenden eine große Menge an Workshop-Themen. Durch die Kommunikationsbereitschaft der Betroffenen werden zu diesen Themen Ideen und Lösungsvorschläge entwickelt. Beide Formen der Ergebnisse gilt es nach einer Open Space-Veranstaltung in das Unternehmen bzw. in die Organisation zu tragen.

Vor der Veranstaltung planen, wie es weitergeht

Es ist davon abzuraten, grenzenlose Erwartungen an den Veränderungsprozess zu haben. Möglicherweise werden nicht alle Ziele erreicht und nicht jede Maßnahme so umgesetzt, wie sie geplant wurde. Auch das Gemeinschaftsgefühl und die Motivation zur Veränderung lassen sich nicht dauerhaft auf gleichem Niveau halten. Gerade deshalb ist es besonders wichtig, noch vor der Veranstaltung Maßnahmen zu klären, wie die Ergebnisse am effektivsten und dauerhaftesten umgesetzt bzw. gesichert werden können. Die Planungsgruppe und das Management der beauftragten Organisation erörtern und planen diese Maßnahmen gemeinsam mit der Moderatorin.

Für die Einleitung von Veränderungsmaßnahmen sind folgende Punkte wichtig:

❖ Die Veranstaltung sollte mindestens zwei Tage dauern.

❖ Bei der Veranstaltung wurden die Ergebnisse gewichtet, die Umsetzungsgruppen gebildet und deren erster Besprechungstermin nach der Veranstaltung verabredet.

❖ Die Gruppen dürfen »ihre« Aktionen selbst umsetzen. Das Management nimmt ihnen die Initiative nicht aus der Hand.

❖ Das Management ist bereit, für die Umsetzung Ressourcen (Geld, Zeit, Entscheidungsspielräume etc.) zur Verfügung zu stellen.

❖ Die in den Umsetzungsgruppen aktiven Personen und das Management stehen in regelmäßigem Kontakt. Widerstände oder Probleme werden frühzeitig lokalisiert und bearbeitet.

❖ Die Umsetzungsfortschritte aller Gruppen werden im Unternehmen bzw. in der Organisation transparent gemacht. Eine Informationssammelstelle gibt jedem Interessierten die Möglichkeit, sich zu informieren, Anregungen zu geben oder mitzuwirken.

❖ Das Management und die Teilnehmenden beschäftigen sich damit, was sie aus der Open Space-Veranstaltung in ihren Alltag einbringen möchten.

Voraussetzungen für nachhaltige Veränderungen

5.2 Wie kann es konkret weitergehen? Ein Vorschlag

Kurz nach der Veranstaltung treffen sich das Management und die Unternehmens- bzw. Organisationsleitung zur Nachbereitung:

Nachbereitung mit der Unternehmensleitung

❖ Welche Erfahrungen haben das Management und die Unternehmens- bzw. Organisationsleitung mit der Open Space-Veranstaltung gemacht?

❖ Was möchten Sie davon mit in Ihre Organisation tragen?

Ergebnisse in die Organisation tragen

Alle von der Situation betroffenen Personen werden sofort nach der Open Space-Veranstaltung angeschrieben. In der Regel wird diese Aufgabe von einer verantwortlichen Person der Planungsgruppe und der Unternehmens- bzw. Organisationsleitung ausgeführt. Die Bedeutung dieses Schreibens liegt darin,

❖ alle Betroffenen über das Geschehen bei der Veranstaltung zu unterrichten.

❖ den teilgenommenen Personen für ihr Engagement zu danken.

❖ über entstandene Umsetzungsgruppen sowie auch über deren Termine und Gruppenverantwortliche zu informieren.

❖ alle einzuladen, sich den Umsetzungsgruppen anzuschließen.

❖ dass die Unternehmens- bzw. Organisationsleitung ihre Unterstützung zur Umsetzung der Ergebnisse zusichert.

Wenn sich die Mitglieder der Umsetzungsgruppen nach der Veranstaltung in ihren Arbeitskreisen treffen, reicht mal nur ein Termin, um alle erwünschten Schritte einzuleiten. Mal trifft sich eine Gruppe über ein Jahr oder länger. Damit die Gruppen ihre Projekte weiterhin zielgerichtet bearbeiten, können sie sich bei Bedarf an den Hinweisen eines Arbeitspapieres orientieren. Dieses kommt ihnen nach der Veranstaltung mit dem bereits oben erwähnten Schreiben zu.

Um die in den Arbeitsgruppen aktiven Personen anzuschreiben, braucht die Planungsgruppe natürlich deren Namen. Nur die aktiven Personen erhalten das Arbeitspapier. Zu diesem Zweck wird während der Open Space-Veranstaltung eine vorbereitete Liste ausgelegt. In diese tragen sich die Mitglieder der Umsetzungsgruppen ein. Oder sie notieren ihre Namen auf dem Bewertungsblatt in das Feld *Mitwirkende*. Das Bewertungsblatt wird bei der Open Space-Veranstaltung zum Zeitpunkt der Gewichtung und Bildung von Umsetzungsgruppen eingesetzt. In jedem Fall erhält die Planungsgruppe die Namen der in Gruppen engagierten Personen und kann ihnen das Arbeitspapier zukommen lassen.

Die Inhalte des Arbeitspapieres

❖ Was sind die genauen Ziele der Arbeitsgruppe?
❖ Bis wann sollen diese Ziele erreicht werden?
❖ Welche Maßnahmen können sofort umgesetzt werden?
❖ Welche Maßnahmen bzw. Schritte folgen mit welchem Zeithorizont aufeinander?
❖ Für welche Maßnahmen werden weitere Informationen benötigt?
❖ Wer ist für welche Aufgabe verantwortlich?
❖ Sind Hemmnisse oder Probleme zu erwarten? Wie können diese gemindert werden?

Hinweise für die Arbeitskreise

Viele Maßnahmen können aus den Gruppen heraus selbst bestimmt umgesetzt werden. Für andere braucht es jedoch die Zustimmung des Managements oder der Unternehmensleitung. In diesem Fall bereiten die Gruppen die Umsetzung der Maßnahmen vor. Eine Entscheidungsvorlage wird formuliert. Diese wird dem Management oder der Unternehmensleitung entweder auf der Folgeveranstaltung oder in vorher stattfindenden Besprechungen präsentiert.

Ergebnisse der Arbeitskreise umsetzen

Eine einfache Matrix hilft, die sofort umsetzbaren Maßnahmen von denen zu trennen, für die weitere Informationen eingeholt werden müssen, bevor die Gruppe für die Umsetzung aktiv werden kann. Darüber hinaus lassen sich Maßnahmen herausfiltern, die die Gruppe im Moment nicht weiterverfolgen möchte.

Entscheidungsmatrix für die Maßnahmen-umsetzung

Feld 1: Maßnahme klar → machen	Feld 2: Maßnahme unklar → weitere Informationen, Konzept erstellen
Feld 4: Maßnahme klar → nicht machen	Feld 3: Maßnahme unklar und komplex → weitere Open Space-Veranstaltungen

❖ **Feld 1**: Die Maßnahme ist eindeutig und sofort umsetzbar.
❖ **Feld 2**: Die Maßnahme soll umgesetzt werden. Jedoch sind dazu weitere Informationen wichtig. Ein Konzept wird erstellt, um gezielt die notwendigen Daten einzuholen.
❖ **Feld 3**: Es ist sinnvoll, die Maßnahme umzusetzen. Allerdings ist sie so komplex und unklar, dass dazu eine weitere kleine Open Space-Veranstaltung mit den Arbeitsgruppen-Mitgliedern und anderen Interessierten durchgeführt werden sollte.
❖ **Feld 4**: Aus Sicht der Gruppe sollten diese Maßnahmen im Moment nicht weiterverfolgt werden.

Wie kann informiert werden?

Die Vermittlung der Umsetzungserfolge, selbst der kleinen, ist maßgeblich für einen nachhaltigen Wandel. Es muss der Eindruck bestehen, dass die auf der Open Space-Veranstaltung eingeleitete Entwicklung im Fluss bleibt. Die Motivation zum Handeln sollte so hoch wie möglich gehalten werden.

Manche Unternehmen oder Organisationen verfügen über ein ausgebautes und funktionstüchtiges Informationsnetz, das sich gut eignet, die Umsetzungsergebnisse transparent zu machen. Unternehmen bzw. Organisationen, bei denen das noch nicht optimal ist, kann die folgende Beschreibung dienlich helfen.

Einrichten einer Informationssammelstelle

Die Ergebnisse aus den Umsetzungsgruppen können in einer Informationssammelstelle zusammengetragen werden. Dies kann unter anderem die bereits bestehende Abteilung für Unternehmenskommunikation oder eine dafür eingerichtete Gruppe aus Mitgliedern des Planungsteams sein. Von dieser Sammelstelle aus werden die Daten mit verschiedenen Kommunikationsmitteln verbreitet. Die Annahme und Weitergabe der Informationen sollte »eins zu eins« geschehen. Es darf nicht der Eindruck entstehen, dass die weitergegebenen Informationen zensiert wurden.

Mögliche Medien zur Verbreitung der Ergebnisse

❖ Unternehmensinterne Zeitung.
❖ Gesprächsforen im Intranet.
❖ Feste oder wandernde Ausstellungen.
❖ »Speakers Corner«. Interessierte und Engagierte können zu einem festen Zeitpunkt im Monat zu den Projekten Stellung beziehen.
❖ Regelmäßige Vorstellungen der Projekte. Zweimal im Monat können die verschiedenen Gruppen ihre Arbeit präsentieren. Ein Programmheft kann Auskunft darüber geben, welche Gruppe mit welchem Thema an der Reihe ist.

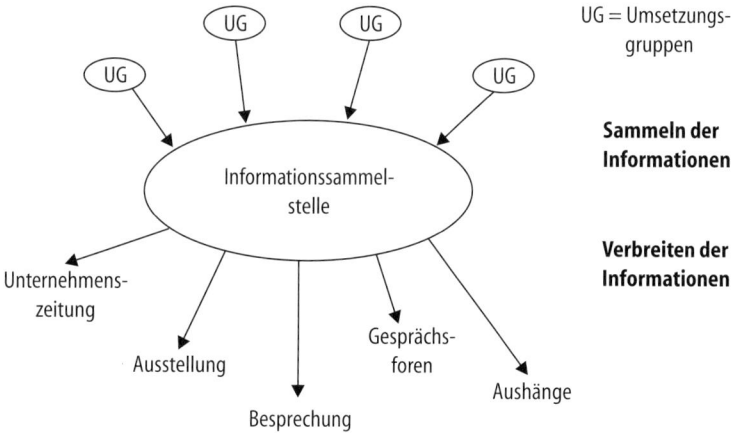

Aufgaben der Informationssammelstelle

Mit der Verbreitung von Informationen sollte versucht werden, den Umsetzungsprozess für Interessierte greifbar zu machen. Das kann durch den Dialog zwischen den Arbeitsgruppen und den Interessierten erfolgen. Der Gedankenaustausch beider führt zu einer stärkeren Teilnahme, zu nutzbaren Kontakten und guten Anregungen. Darüber hinaus wird ein Voneinander-Lernen in der Organisation unterstützt.

Informieren im Dialog

Folgeveranstaltung

Zweite Veranstaltung zur Fortführung des Prozesses

Die Folgeveranstaltung hat zum Ziel, die verschiedenen Ergebnisse der Umsetzungsgruppen zusammenzuführen. Die einzelnen Gruppen und Interessierten haben wieder die Möglichkeit, sich als große Gruppe zu verstehen und zu handeln. Diese Veranstaltung dient ferner dazu, das Gemeinschaftsgefühl und die Motivation für den Wandel wieder zu beleben. Darüber hinaus hat eine Folgeveranstaltung noch weitere Wirkungen:

❖ *Informieren*: Die Umsetzungsgruppen informieren sich gegenseitig und andere über ihre Arbeitsergebnisse. Alle betroffenen Personen werden eingeladen. Es kommen alle, die Anteil haben wollen. Das können Personen sein, die bereits bei der Open Space-Veranstaltung anwesend waren, und andere, die erst zur Folgeveranstaltung erscheinen.

❖ *Voneinander-Lernen*: Es gilt »Wer kommt, ist die richtige Person«. Alle können etwas beitragen, sind kompetent. Jeder kann vom anderen lernen. Das Veranstaltungskonzept sieht vor, dass Anregungen zu den Maßnahmen gegeben, neue entwickelt und Fragen gestellt werden können.

❖ *Verantwortung teilen*: Probleme, die bei der Einleitung der Maßnahmen eintreten, werden aus verschiedenen Perspektiven beleuchtet. Viele Personen werden in die Thematik eingebunden und tragen so die Verantwortung für den weiteren Verlauf des Wandels.

❖ *Klarheit schaffen*: Jeder kann Fragen stellen. Die Arbeitsgruppen und die Unternehmensleitung stehen im Dialog mit den Interessierten.

❖ *Gemeinsam Entscheidungen treffen*: Die Arbeitsgruppen und das Management können anhand vorbereiteter Entscheidungsvorlagen gemeinsam mögliche Konsequenzen besprechen und zu einer Entscheidung gelangen.

❖ *Abstimmung der Gruppen*: Ähnliche Maßnahmen verschiedener Gruppen können zusammengefasst werden. Die Gruppen können sich über in Abhängigkeit stehende Maßnahmen verständigen.

Folgeveranstaltung vier bis sechs Wochen nach Open Space

Die Folgeveranstaltung sollte vier bis sechs Wochen nach dem Open Space stattfinden. Die Zielgruppe wird schriftlich eingeladen. Die Umsetzungsgruppen werden gebeten, ihre Ergebnisse für eine Präsentation aufzubereiten.

Es gibt viele Varianten, eine Folgeveranstaltung zu gestalten. Im Folgenden finden Sie einen Konzeptentwurf für eine eintägige Veranstaltung. Angenommen sind: sechs präsentierende Umsetzungsgruppen und 80 Teilnehmer. Die Anwesenden sitzen an zehn Tischen zu je acht Personen.

Konzeptentwurf einer Folgeveranstaltung

Arbeitsschritt	Dauer	Vorgehen
Ankommen Begrüßung Einführung	0,5 Std.	
Präsentation der Gruppenergebnisse	3 Std. (inkl. Pausen)	Jede Gruppe präsentiert maximal 8 Minuten. 5 Minuten Diskussion an den Tischen nach jeder Präsentation über die Präsentationsinhalte. Jeder Tisch einigt sich über Fragen und Anregungen, die er an die präsentierende Gruppe richten möchte. Entweder werden erst alle Fragen und Bemerkungen aller Tische gesammelt, sortiert und dann beantwortet. Oder es wird pro Tisch gefragt und geantwortet.
Gruppenarbeit	2 Std.	Die Teilnehmenden können zu ihren Themen Workshops einberufen. Die Umsetzungsgruppen können die Anregungen des Vormittages in Workshops verarbeiten. Das Management kann zu Workshops dazugerufen werden (zum Beispiel, um Entscheidungen zu treffen und Fragen zu beantworten). Jeder kann in jeden Workshop gehen. Jeder bleibt so lange in einem Workshop, so lange er etwas lernt oder beiträgt (»Gesetz der zwei Füße«). Die Teilnehmenden arbeiten selbst bestimmt in ihren Gruppen. Mehrere Arbeitsräume stehen zur Verfügung.
Präsentation der Highlights im Plenum	0,5 Std.	Pro Workshop wird ein Sprecher ernannt. Dieser präsentiert kurz die Highlights und die folgenden Schritte.
Abschlussrunde	0,5 Std.	»Talking Stick«-Runde

Nach der Folgeveranstaltung gehen die Umsetzungsgruppen wieder an ihre Projekte. Neue Gruppen haben sich vielleicht gebildet. Andere haben ihre Arbeit auf der Folgeveranstaltung abgeschlossen.

Wenn alle geplanten Aktionen durchgeführt wurden und die Gruppen ihre Arbeit beendet haben, werden die Ergebnisse aller Gruppen in einem Abschlussbericht oder auf einer Abschlussveranstaltung festgehalten. Schließlich kann das Management den Gruppen für ihr Engagement mit einer Feier oder einem Geschenk danken.

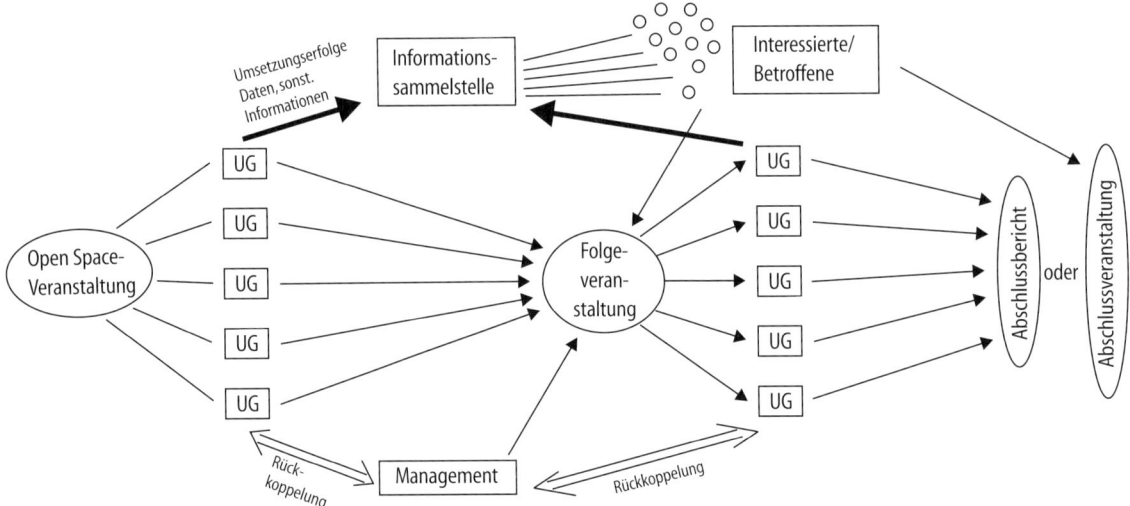

Zusammenfassung

Auf einer Open Space-Veranstaltung werden sowohl handfeste als auch informelle Ergebnisse erzielt. Beide Ergebnisformen stehen in enger Beziehung zueinander. Dies sollte das Unternehmen bzw. die Organisation erkennen und Maßnahmen treffen, wie diese Ergebnisse am besten im Unternehmen oder in der Organisation umgesetzt und gesichert werden können.

Schon in der Vorbereitungsphase wird mit der Planungsgruppe die Fortführung der Ergebnisse nach der Veranstaltung geplant. Über verschiedene Wege können Interessierte und Engagierte ins Gespräch kommen und sich gegenseitig für weitere Aktionen inspirieren.

Wenige Wochen nach dem Open Space sollte eine Folgeveranstaltung durchgeführt werden, um die Umsetzungsergebnisse zusammenzuführen und das Gemeinschaftsgefühl der Betroffenen zu stärken.

6 Die Open Space-Praxis

6.1 Ergebnisse einer Umfrage

Um einen möglichst großen Überblick über Einsatzgebiete und Anwendungsanlässe von Open Space geben zu können, wurde zur Ermittlung der hier wiedergegebenen Daten eine Umfrage durchgeführt. Über vierzig Moderatoren meldeten mehr als 160 Open Space-Veranstaltungen im deutschsprachigen Raum. Im Vordergrund der Auswertung der Umfrage standen folgende Fragen:

❖ In welchen Organisationen wurden
   Open Space-Veranstaltungen durchgeführt?
❖ Bei welchen Anlässen wurde Open Space eingesetzt?
❖ Wie viele Menschen nahmen an den Veranstaltungen teil?
❖ Wie lange dauerten die Veranstaltungen?

Open Space im
deutschsprachigem
Raum
Ungefähr 700 Anfragen wurden per E-Mail und Fax an Adressaten in Deutschland, Österreich und der Schweiz versandt. Angesprochen wurden überwiegend Personen oder Organisationen, die entweder in der Personal- und Organisationsentwicklung, im Konferenzmanagement tätig oder in Netzwerken zu Großgruppenverfahren eingebunden sind. Über Beiträge in der Fachpresse wurden ebenfalls Personen und Organisationen angesprochen. Darüber hinaus wurden auf einer Fachkonferenz zu Großgruppenverfahren die dortigen 120 Teilnehmer erreicht.

Die Umfrage ist nicht repräsentativ. Dennoch gibt sie einen hervorragenden Überblick über die Anwendung von Open Space in den unterschiedlichsten Zusammenhängen. Dies spiegelt sich in der folgenden Darstellung wider.

In welchen Organisationen wurden Open Space-Veranstaltungen durchgeführt?

Es waren 126 Organisationen, in denen die 165 Veranstaltungen durchgeführt wurden. Das Gros der Veranstaltungen fand in Unternehmen statt (38 Prozent). Der Schwerpunkt lag hier bei Großunternehmen gegenüber klein- und mittelständischen Firmen. Außerhalb von Unternehmen fand Open Space Anwendung in Vereinen, Kirchen und Kindertagesstätten. Diese führten 14 Prozent aller Veranstaltungen durch. Danach folgen Städte und Kommunen mit 13 Prozent und Schulen sowie Bildungseinrichtungen mit zehn Prozent. Netzwerke, Krankenhäuser, soziale Einrichtungen, Verbände, Genossenschaften, Kammern, selbstständige Beratungsunternehmen, Umwelt-/Naturschutzorganisationen sowie Initiativen bilden die Nachhut.

Organisation	%
Unternehmen	38
Vereine, Kirchen, Kindertagesstätten	14
Landes- und Stadtebene	13
Schulen, Bildungseinrichtungen, Stiftungen	10
Zusammenschlüsse von Institutionen, Netzwerke	7
Krankenhäuser, soziale Einrichtungen	6
Verbände, Genossenschaften, Kammern	5
Selbstständige Beratungsunternehmen	3
Umwelt-/Naturschutzorganisationen, Initiativen	2
(Zwei Prozent Schwund durch Rundung)	
Grundlage: 126 durchführende Organisationen	

Bei welchen Anlässen wurde Open Space eingesetzt?

Die gemeldeten Anlässe wurden den Kategorien *Veränderungsprozess, Tagung* und *Besprechung* zugeordnet. Anstehende Veränderungsprozesse waren mit 65 Prozent der Hauptanlass für Open Space-Veranstaltungen. Unter anderem wurden besonders häufig folgende Anlässe genannt:

Open Space in Verän-derungsprozessen

❖ Um- oder Neustrukturierung von Organisationen.
❖ Verbesserung der Zusammenarbeit unter Mitarbeitern, Abteilungen, Kooperationspartnern, Lieferanten; Entwicklung der Kommunikation.
❖ Visions- und Leitbildentwicklung sowie deren Einführung.
❖ Verbesserung der eigenen Leistung, Optimierung der Prozesse und Strukturen.
❖ Entwicklung der Unternehmenskultur.
❖ Neuausrichtung einer Organisation, Abteilung, Filiale, eines Bereiches oder Werkes.
❖ Fusion von Unternehmen.
❖ Vitalisierung von Organisationen, Initiierung eines Motivations-schubs.
❖ Imagebildung, Sicherung der Identifikation mit der Organisation.

Open Space bei Tagungen und Besprechungen

Die Durchführung von Tagungen zu aktuellen Fragestellungen ist darüber hinaus ein beliebtes Einsatzfeld von Open Space. Von allen gemeldeten Veranstaltungen wurden 32 Prozent als Tagungen oder jährliche Konferenzen angegeben. Themen, wie zum Beispiel die aktuelle Arbeitsmarktsituation, die Veränderungen in Berufssparten oder gesetzlicher Bestimmungen sowie die Bearbeitung der Lokalen Agenda 21, waren Inhalt von Open Space. Darüber hinaus wurde Open Space für Arbeitsbesprechungen eingesetzt (3 Prozent)

Anlässe	%
Veränderungsprozesse	65
Tagungen	32
Besprechungen	3
Grundlage: 165 Veranstaltungen	

Wie viele Menschen nahmen an den Veranstaltungen teil?

Die größte Veranstaltung hatte 420 Teilnehmende. Die geringste Teilnehmerzahl lag bei acht Personen. Im Mittel haben 83 Personen an den Open Space-Veranstaltungen teilgenommen. Die meisten Veranstaltungen (38 Prozent) wurden mit acht bis 50 Personen bzw. 51 bis 100 Personen (38 Prozent) durchgeführt.

Veranstaltungen mit 101 bis 150 Personen wurden zu 14 Prozent angegeben. Bei zehn Prozent der Veranstaltungen betrug die Teilnehmerzahl über 150 Personen.

Teilnehmerzahl	%
8– 50	38
51–100	38
101–150	14
151–200	5
201–420	5
Grundlage: 165 Veranstaltungen	

Wie lange dauerten die Veranstaltungen?

Die Veranstaltungsdauer bewegte sich in einer Zeitspanne von 0,5 bis 6 Tagen. Veränderungsprozesse fanden zu 44 Prozent an bis zu einem Tag und zu 46 Prozent an bis zu zwei Tagen statt. Zehn Prozent der Veranstaltungen zu Veränderungsprozessen dauerten bis zu drei Tage.

Mit der Open Space-Methode durchgeführte Tagungen wurden zu 53 Prozent an bis zu einem Tag durchgeführt. Bis zu zwei Tage dauerten 36 Prozent der Veranstaltungen und neun Prozent hatten eine Veranstaltungslänge von bis zu drei Tagen. Eine Tagung dauerte sechs Tage. Der Schwerpunkt der Veranstaltungsdauer liegt also bei einem Tag.

Dauer bei Veränderungsprozessen	%
0,5–1 Tag	44
1,5–2 Tage	46
2,5–3 Tage	10
Grundlage: 107 Veranstaltungen zu Veränderungsprozessen	

Dauer bei Tagungen	%
0,5 –1 Tag	53
1,5–2 Tage	36
2,5–3 Tage	9
6 Tage	2
Grundlage: 53 Veranstaltungen zu Tagungen	

Schlussfolgerungen

Erkenntnisse aus der Praxis

❖ Überwiegend führten Großunternehmen Open Space-Veranstaltungen durch. Vermutlich kommen Großunternehmen aufgrund ihrer multinationalen Geschäfte schneller mit innovativen Methoden in Kontakt als klein- und mittelständische Unternehmen.

❖ Nicht Gewinn orientierte Organisationen – wie Vereine, Schulen, soziale Einrichtungen etc. – könnten in der Zukunft noch verstärkter Nutzer von Open Space werden.

❖ Open Space ist besonders geeignet, Veränderungsprozesse einzuleiten und zu bewältigen. Die Umfrage hat ergeben, dass diese Stärke wohl erkannt wurde und Open Space daher überwiegend zu diesem Zweck angewendet wurde.

❖ Ferner scheint Open Space als Tagungsinstrument beliebter zu werden.

❖ Das Potenzial von Open Space, bis zu 1.000 Betroffene gleichzeitig in die Veranstaltung einzubinden, ist bei den angemeldeten Veranstaltungen in keinem Fall umgesetzt worden.

❖ Die optimale Veranstaltungslänge von zweieinhalb Tagen beim Einsatz von Open Space bei Veränderungsprozessen wurde nur in zehn Prozent der Fälle erfüllt. Es besteht die starke Tendenz, Open Space über maximal zwei Tage einzusetzen.

❖ Obwohl die Open Space-Methode erst seit 1996 in Deutschland eingesetzt wird, hat die Umfrage gezeigt, dass diese Methode schnell an Zustimmung gewinnt.

❖ Dass die Methode wohl funktioniert, zeigt sich darin, dass viele Unternehmen und Organisationen die Methode bereits mehrfach eingesetzt haben.

❖ Die Umfrage hat gezeigt, dass Open Space für die unterschiedlichsten Fragestellungen, Unternehmen bzw. Organisationen und Teilnehmerzahlen erfolgreich eingesetzt werden kann.

Ergebnisse der
Umfrage im Überblick

Open Space-Anlässe	Nennun-gen
Verbesserung der Zusammenarbeit der MA, Abteilungen, Kooperationspartner, Lieferanten etc., Teamentwicklung-Verbesserung, Netzwerkbildung, Entwicklung der Kommunikation	16
Um- und Neustrukturierung, Reorganisation	15
Tagung	14
Jährliche Konfererenz	12
Arbeitsmarktsituation, Existenzgründung	12
Vision- bzw. Leitbildentwicklung und -einführung	11
Entwicklung der Unternehmenskultur	10
Agenda 21	9
Verbesserung der eigenen Leistungen, Optimierung der Prozesse und Strukturen	8
Vitalisierung des Unternehmens, Revitalisierung des Qualitäts- und Prozessmanagements und nach Restrukturierung, Motivationsschub, Stärkung der Gemeinschaft	7
Neuausrichtung des Unternehmens, der Organisation, einer Abteilung, eines Werkes, einer Filiale, eines Bereiches etc.	7
Erfahrungsaustausch, Know-how-Transfer	6
Kundenveranstaltung	4
Besprechung	4
Fusion von Unternehmen	4
Veränderung rechtlicher Grundlagen	4
Anpassung an Umfeldveränderungen	4
Auseinandersetzung mit Werten	4
Ideenfindung	4
Verwaltungsneuorganisation	3
Imagebildung, Sicherung der Unternehmensidentifikation	3
Unternehmensnachfolge, Stellenwechsel	2
Einführung neuer Verfahren	2
Ländliche Strukturentwicklung, strukturelle Veränderungen	2
Entwicklung eines Bauprojektes	1
Entwicklung von Qualifizierungsstrategien	1
Strategieansätze finden	1
Unzufriedenheit abbauen	1
Armeereform	1
Preisverfall	1
Verbesserung des Kundenservices	1
Neue Perspektiven der eigenen Arbeit finden	1
Finanzknappheit	1
Umfeldanalyse	1
Produktentwicklung	1
(Mehrfachnennungen waren möglich) Summe	**178**

7 Häufige Fragen und Antworten zu Open Space

7.1 Fragen und Anworten zum Methodeneinsatz

Ist Open Space ein Instrument zur Einleitung von Veränderungsprozessen?

Open Space eignet sich hervorragend am Anfang eines Veränderungsprozesses, um Handlungsfelder zu lokalisieren und möglichst viele Betroffene von Beginn an in den Prozess einzubinden.

Kann Open Space zur Bewältigung eines schon bestehenden Veränderungsprozesses angewendet werden?

Open Space kann zu einzelnen Veränderungsschwerpunkten angewendet werden, wenn

Bearbeitung von Teilfragestellungen in einem Gesamtprozess

- ❖ ein Handlungsspielraum in der zu verändernden Situation besteht, die Betroffenen also erkennen, dass sie wirklich etwas bewirken können,
- ❖ die Einbeziehung der Betroffenen an der Veränderung in dieser Phase benötigt wird, also die Situation nicht von einer oder von wenigen Personen zu bewältigen ist,
- ❖ ein Diskussionsspielraum gegeben ist.

Ist Open Space auch zur Bearbeitung von Teilthemen innerhalb eines schon bestehenden Veränderungsprozesses einsetzbar?

Open Space ist zur Bearbeitung von Teilthemen einsetzbar, wenn diese genug Diskussionsspielraum bieten und keine einzelne Person eine Antwort auf die zu bewältigende Situation weiß (siehe dazu auch die Antwort auf die vorhergehende Frage).

Lässt sich Open Space mit anderen Methoden kombinieren?

Kombination mit anderen Methoden

Eine Kombination mit anderen Methoden ist denkbar. Wichtig ist, dass der eigentliche Open Space-Prozess, in dem die Teilnehmer den Veranstaltungsablauf und Inhalte bestimmen, nicht mit einer anderen Methode durchbrochen wird. Dieser Teil muss in sich abgeschlossen sein.

7.2 Fragen und Antworten zur Einführung der Open Space-Methode

Sollte eine Vorbereitung der Unternehmens- bzw. Organisationsleitung und der Mitarbeiter auf eine Open Space-Veranstaltung erfolgen?

Eine Vorbereitung der Unternehmens- bzw. Organisationsleitung ist angemessen, wenn diese zwar eine Open Space-Veranstaltung möchte, aber noch zu viele Unsicherheiten bestehen oder im Unternehmen bzw. in der Organisation zum ersten Mal die Beteiligten aufgefordert werden, die Veränderung zu bewirken und mitzutragen. Die Unternehmensleitung muss sich darauf einlassen, dass sie weder weiß, wie der Open Space-Prozess sich entwickeln wird, noch welche Ergebnisse die Teilnehmer erarbeiten werden. Vertrauen in die Kompetenz der Teilnehmenden ist ausschlaggebend für den Erfolg. Eine zusätzliche kurze Open Space-Veranstaltung im Vorfeld nur für die Entscheider kann die Bildung des Vertrauens unterstützen und klärt darüber hinaus noch offene Fragen.

Vorbereitung der Unternehmensleitung auf ein Open Space

Die Beteiligten müssen nicht auf eine Open Space-Veranstaltung vorbereitet werden. Es genügt, wenn die Führungsleitung klar und deutlich kommuniziert, dass ihre Aufgeschlossenheit bezüglich der Veränderung und der Mitwirkung der Betroffenen in diesem Veränderungsprozess vorhanden ist. Wie dies vermittelt wird, ist abhängig vom jeweiligen Fall. Wenn die Beteiligten keine »Alibi-Veranstaltung« wittern und wirklich betroffen sind, sind sie optimal vorbereitet.

Wie kann eine Motivation der Auftraggeber für den Einsatz der Open Space-Methode erfolgen?

Wie bereits erwähnt, kann das durch eine kleine Open Space-Veranstaltung nur für die Entscheider erfolgen. Hier ist zu klären:

Motivation der Auftraggeber

- ❖ Ist der Auftraggeber wirklich bereit, sich auf diesen Prozess einzulassen, hat aber noch viele Fragen?
- ❖ Ist der Auftraggeber eigentlich nicht bereit, diesen Prozess zuzulassen, tut es aber aus nicht offen gelegten Gründen?

Im letzteren Fall sollten keine Überredungsversuche erfolgen. Die Verschlossenheit des Auftraggebers gefährdet die Glaubwürdigkeit des Prozesses.

Ist die Aufgeschlossenheit der Mitarbeiter zur Veränderung Voraussetzung für eine Open Space-Veranstaltung?

Wer sich nicht öffnen möchte und nichts bewegen will, wird sich auf der Veranstaltung auch nicht einbringen. Hier fließen die Erfahrungen der Mitarbeiter aus vorangegangenen Veränderungsprozessen ein. In der Einladung muss deutlich darauf hingewiesen werden, dass die Teilnehmer den Veranstaltungsablauf und die Inhalte selbst bestimmen. Die Mitarbeiter sollten erfahren, dass sie selber veranlassen, was auf der Veranstaltung geschieht. Da beim Open Space das Prinzip der Freiwilligkeit eingehalten werden soll, wird die Person, die dem Prozess gegenüber nicht offen ist, erst gar nicht zu dieser Veranstaltung erscheinen. Es gilt: »Wer kommt, ist die richtige Person.«

Kann eine Vorbereitung bezüglich der »Öffnung« der Mitarbeiter gegenüber dem geplanten Vorhaben erfolgen?

Aufgeschlossenheit der Mitarbeiter Voraussetzung für Open Space

Die Vorbereitung erfolgt durch die Informationsvermittlung und die Kommunikation zwischen Mitarbeitern und dem Management. Das Management sollte seine Aufgeschlossenheit gegenüber dem Veränderungsprozess und der Kompetenz der Betroffenen deutlich machen.

Ist die Flexibilität der Teilnehmer notwendig für den Einsatz von Open Space?

Die Flexibilität der Betroffenen ist nützlich. Denn sie lassen sich dann leichter auf die Anwendung einer bisher unbekannten Veranstaltungsform ein. Sich als Teilnehmer in einer selbst bestimmenden und selbst organisierenden Rolle zurechtzufinden, verlangt einen gewissen Grad an Flexibilität. Die Erfahrung zeigt: Je größer der Veränderungsdruck, desto schneller erfolgt eine Anpassung an die neue Rolle.

7.3 Fragen und Antworten zur Effizienz

Welche Dauer ist optimal für eine Open Space-Veranstaltung?
Als Veranstaltungsmethode zu einer veränderungsbedürftigen Situation mit Veränderungsdruck sind *zweieinhalb Tage* optimal. Zwei Tage dienen der Bearbeitung der Einzelthemen in Arbeitsgruppen. Am dritten Tag werden die Ergebnisse gewichtet und die Arbeitsgruppen für die folgenden Projekte gebildet. Während dieser zweieinhalb Tage haben die Teilnehmenden genügend Zeit, um an ihren Themen intensiv zu arbeiten, die Dokumentation zu erstellen und erste Maßnahmen für die Umsetzung der Ergebnisse zu entwickeln.

Dauer von Open Space-Veranstaltungen

Bei einer *zweitägigen Veranstaltung* arbeiten die Gruppen einen halben Tag weniger zu ihren vorgeschlagenen Themen. Die Workshop-Themen und -Inhalte sind dadurch quantitativ etwas eingeschränkter als bei einer zweieinhalbtägigen Veranstaltung. Die Dokumentation wird ebenfalls erstellt. Anschließend erfolgt die Gewichtung der Ergebnisse und die Projektgruppenbildung.

Bei einer *eintägigen Open Space-Veranstaltung* wird nur in parallelen Arbeitsgruppen gearbeitet. In der Regel wird hier aus Zeitgründen auf die Gewichtung und die Projektgruppenbildung verzichtet. Die Dokumentation wird trotzdem erstellt.

Als **Besprechungsform sind *2,5 bis 5 Stunden* ausreichend**. In dieser Zeit kann gearbeitet und eine Dokumentation erstellt werden. Die Dokumentation kann dann aber nicht sehr detailliert ausfallen.

Auch bei Open Space-Veranstaltungen von mehreren Stunden oder einem Tag findet ein Lernprozess und intensiver Austausch zwischen den Teilnehmern statt, der zu neuen Impulsen und Maßnahmen für die Veränderung führt. Informelle Ergebnisse, wie zum Beispiel das Gemeinschaftsgefühl, die Identifikation mit dem Problem, mit der Organisation und die Motivation zur Veränderung, sind auch bei kurzen Veranstaltungen spürbar und immens wichtig als Unterstützung bei Veränderungsprozessen.

Mit welcher Gruppengröße ist Open Space effizient?

Teilnehmerzahl

Open Space ist möglich und effizient bei acht und bis zu 1.000 Teilnehmern. Die Anzahl der Teilnehmer hat nur geringe Auswirkungen auf die Effizienz der Veranstaltung. Vielmehr sind als Einflussfaktoren für die Effizienz einer Open Space-Veranstaltung zu sehen: die Vorbereitung, die Logistik, die Aufgeschlossenheit der Unternehmens- bzw. Organisationsleitung und der bestehende Veränderungsdruck.

Wird die Kreativität der Teilnehmenden durch eine enge Zielvorgabe im Leitthema eingeschränkt?

Einfluss des Leitthemas auf die Kreativität der Teilnehmer

Die Zielvorgabe ist durch das Leitthema der Veranstaltung bestimmt. Wichtig ist, dass im Leitthema genug Diskussionsspielraum geboten wird und dieses Leitthema Betroffenheit bei den Teilnehmern auslöst. Sind diese beiden Erfolgsvoraussetzungen für Open Space gegeben, wird die Kreativität der Teilnehmer nicht eingeschränkt.

Ist bei großen Gruppen eine engere Zielvorgabe notwendig?

Die Teilnehmerzahl hat keine Auswirkung auf die Zielvorgabe.

7.4 Fragen und Antworten zur Steuerung von Open Space

Wie kann die Organisationsleitung die Großgruppe steuern?

Die Steuerung erfolgt mit der Formulierung des Themas. Die Formulierung das Leitthemas gibt die Richtung der Open Space-Veranstaltung vor. Zu Beginn der Veranstaltung kann die Organisationsleitung kurz darauf hinweisen, worauf es ihr bei dem Prozess ankommt. Während der Veranstaltung gibt es jedoch keine Steuerung durch die Organisationsleitung.

Wie lenke ich als Moderatorin bzw. als Moderator den Open Space-Prozess?

Die Lenkung erfolgt in der Vorbereitungsphase. Relevante Elemente sind die Zielgruppe, das Leitthema, die Einladung und auch die logistischen Belange. Die Zielgruppe muss betroffen und das Thema angemessen formuliert sein. Die Einladung muss die Situation attraktiv machen und auf die Methode vorbereiten. Die logistischen Belange sollen den intensiven Arbeitsprozess unterstützen. Im eigentlichen Open Space-Prozess, also bei der Veranstaltung, kann als Lenkung die Einführung der Moderatorin gesehen werden. Wenn jedoch die Situation »brennt«, brauchen die Teilnehmer nur eine kurze, kaum unterstützende Moderation, da der Veränderungsdruck ausreichend lenkt. Inhaltlich erfolgt keine Beeinflussung durch die Moderatorin oder die Organisationsleitung. Derartiges würde den Prozess beeinträchtigen.

Steuerung von Open Space

Sollte der Moderator oder die Moderatorin in Konfliktsituationen intervenieren?

Der Moderator bzw. die Moderatorin greift nur in den Prozess ein, wenn die Leitlinien von den Teilnehmern verlassen werden. Die Teilnehmer regeln die für sie wichtigen Dinge ohne fremde Hilfe. Das »Gesetz der zwei Füße« gibt ihnen die Legitimation, Arbeitsgruppen zu verlassen, falls Konflikte entstehen, die sie nicht aushalten wollen. Zu beachten ist: Open Space ist keine Konfliktbewältigungsmethode. Open Space ist in erster Linie eine Methode, um in kurzer Zeit mit sehr vielen Personen Lösungsmöglichkeiten für eine zu verändernde Situation zu erarbeiten.

Ist eine vorgegebene Struktur in den Workshops sinnvoll?

Workshop-Struktur   Open Space baut auf den Prinzipien der Selbstorganisation und Selbstbestimmung auf. Die Teilnehmer bearbeiten die Themen, die ihnen in Bezug auf das Leitthema wichtig erscheinen. Dies sichert, dass wirklich nur die relevanten Themen behandelt werden. Die Teilnehmer bestimmen, in welcher Weise, wie lange und wo sie die Themen bearbeiten. Daraus ergibt sich ganz selbstverständlich für jeden Workshop eine andere Struktur. Unterstützend für diese Struktur wirkt das vorbereitete Arbeitsmaterial und das Protokollformular. Eine darüber hinaus von der Moderatorin oder Unternehmensleitung vorgegebene Struktur würde die Prinzipien der Selbstorganisation und Selbstbestimmung aufheben.

Fragen und Antworten zum »Gesetz der zwei Füße« – »Hummeln«

Finden »Hummeln« schnell in das neue Workshop-Thema?

»Hummelnde« Teilnehmer berichten immer wieder, wie erstaunlich sie es finden, schnell in ein neues Workshop-Thema gekommen zu sein. Eine abschließende Erklärung dafür kann an dieser Stelle nicht gegeben werden. Gefördert wird dieses Phänomen sicherlich durch die Intensität, mit der in den Workshops gearbeitet wird, und durch die Bereitschaft aller Teilnehmer, »Neueinsteiger« in ihren Kreis aufzunehmen und diese als Bereicherung für den Workshop anzusehen.

Rund um's »Hummeln«   ### Gibt es in den Workshops zu viele Wiederholungen durch die »Hummeln«?

Gelegentlich gibt es Wiederholungen. Das lähmt jedoch selten die inhaltliche Arbeit des Workshops.

Ist die Veranstaltung effizient, wenn alle Teilnehmer »hummeln«?

Es »hummeln« nie alle Teilnehmer. Für jedes Workshop-Thema setzen sich in der Regel ein oder mehrere Teilnehmer ein, natürlich vorausgesetzt, diese wollen Verantwortung übernehmen und etwas bewegen. Selbst wenn dies nicht der Fall ist, wäre das auch in Ordnung, denn stets schließen sich die Teilnehmer den Themen an, die sie als wirklich wichtig bewerten.

Häufig »hummeln« die Teilnehmer, die sich in verschiedenen Workshops einbringen möchten und nur punktuell Verantwortung für ein Workshop-Thema übernehmen wollen. Die Dynamik der Open Space-Veranstaltung lebt von den »Hummeln«. Sie bringen neue Ideen, Wissen und »frischen Wind« in die Workshops.

7.5 Fragen und Antworten zur Moderation

Wie kann die Open Space-Methode erlernt werden?

Wie zu jeder anderen Methode sollte ein Training absolviert werden. Hintergründe und Bestandteile von Open Space sollten beleuchtet und die Moderation mit ihren Anforderungen praktiziert werden. Es ist wichtig zu erfahren, worauf es beim Open Space ankommt. Aber auch die Beobachtungen von mehreren verschiedenen Open Space-Prozessen bieten ein fundiertes Wissen über Anwendung und Verfahrensweise dieser Methode. Sinnvoll ist das Studium entsprechender Fachliteratur.

Erlernen der Moderation

Ist eine Moderationserfahrung notwendig?

Moderationserfahrung ist unbedingt notwendig. Dazu gehört außerdem die Fähigkeit, die Kontrolle an die Teilnehmer abzugeben. Das Vertrauen der Moderatorin in die Kompetenz der Betroffenen ist für den Erfolg einer Open Space-Veranstaltung entscheidend.

7.6 Fragen und Antworten zur Dokumentation

Wie kann die Dokumentation erstellt werden?

Dokumentations-technik
Als sehr hilfreich hat sich eine Gliederung auf einem Protokollformular erwiesen. Für die Erstellung des Dokumentationsbandes erweist es sich als sinnvoll, mehrere PCs zur Verfügung zu stellen. Das schafft neben der Einheitlichkeit in der Protokollgliederung auch Homogenität im Layout der Dokumentation und ermöglicht den Teilnehmern ein leichteres Lesen.

Ist es sinnvoll, die Dokumentation extern durchführen zu lassen?

Die Dokumentation der Workshop-Inhalte von externem Personal erstellen zu lassen spricht gegen die Prinzipien der Selbstorganisation und Selbstbestimmung. Wenn die Betroffenen eine Veränderung bewirken wollen, dokumentieren sie ihre Workshop-Inhalte gut genug, um daran weiterarbeiten zu können. Wichtig ist, die Identifikation mit den Inhalten der Veranstaltung. Die Teilnehmer übernehmen von Anfang an Verantwortung für diese Inhalte, die Veranstaltung und die darauf folgende Umsetzung der Maßnahmen.

Wie erfolgt die Dokumentation bei größeren Gruppen? Ist sie auch ohne Papierverbrauch möglich?

Die Dokumentation bei größeren Gruppen erfolgt wie bei kleineren Gruppen. Der Papierverbrauch ist natürlich unter Umweltaspekten bedenklich. Die Daten sind aber wichtig: Der Dokumentationsband am Ende der Veranstaltung – als Spiegelbild des Produktes aller Beteiligten – schafft in der Leserunde nochmals einen Schub für die gemeinsame Verantwortung, die Identifikation und das Gemeinschaftsgefühl. Die Leserunde als Forum für Fragen und Vereinbarungen ist elementar und würde ohne Papier nicht möglich sein. Die Teilnehmer haben ihre erarbeiteten Ergebnisse in der Hand und können sie sofort mitnehmen.

7.7 Fragen und Antworten zum »Danach«

Wie können alle erarbeiteten Themen berücksichtigt werden?
Am Ende der Open Space-Veranstaltung erfolgt die Gewichtung der Ergebnisse. Diese hat zum Ziel, die aus Sicht der Teilnehmer wichtigsten Ergebnisse zu filtern und dazu Projektgruppen zu bilden, die sich der sofortigen Umsetzung der Ergebnisse widmen. Ob es eine Gewichtung gibt, mit welchen Methoden und mit wie vielen Prioritäten, ist in Abhängigkeit zur jeweiligen Situation zu sehen. Manchmal ist es sinnvoller, alle Workshop-Themen der Projektgruppenbildung zur Verfügung zu stellen.

Sind Folgeveranstaltungen sinnvoll?
Folgeveranstaltungen sind immer sehr sinnvoll und empfehlenswert. Hier erfolgt eine Zusammenführung aller Umsetzungsgruppen. Erfolge, Hürden und der notwendige Ressourcenbedarf werden geklärt. Verbindlichkeit und Motivation können erzeugt sowie neue Handlungsfelder erschlossen werden.

Was geschieht mit den Ergebnissen aus der Open Space-Veranstaltung?

Wie geht es nach einem Open Space-Prozess weiter?
Open Space als Besprechungsform eingesetzt, lädt die Teilnehmer dazu ein, ihre wichtigen Anliegen in Bezug auf das Leitthema zur Sprache zu bringen. Ein Weiterarbeiten an den Ergebnissen ist nicht unbedingt erforderlich.

Wird Open Space als Instrument zur Initiierung und Bewältigung von Veränderungsprozessen eingesetzt, sollte die Veranstaltung als Motor für die danach entstehenden Projekte gesehen werden. Als Grundlage für das, was danach kommt, sind die Dokumentation aus allen Workshops, die Gewichtung der Ergebnisse und die Umsetzungsgruppen zu sehen.

Die Voraussetzungen für die Projektarbeit nach der Open Space-Veranstaltung sind:

❖ Die Unternehmens- bzw. Organisationsleitung gewährt den Teilnehmern die Möglichkeit, an ihren Themen zu arbeiten. Die Themen werden ihnen nicht aus der Hand genommen und von anderen Personen weiterbearbeitet.

❖ Die Organisationsleitung stellt die für die Projektarbeit notwendigen Ressourcen zur Verfügung.

Die Umsetzungsgruppen arbeiten autonom. Die Moderation und die Organisation der Arbeitsgruppen werden durch die Gruppen selber ausgeführt. Regelmäßige Treffen dieser Gruppen mit der Organisationsleitung und auch mit anderen Gruppen sind wichtig. Dadurch werden erstens Fortschritte, Ressourcenbedarf, Hürden und Unterstützungsbedarf geklärt. Zweitens tragen diese Treffen dazu bei, die Veränderung transparent zu machen und für »wieder aufblühende« Motivation zu sorgen.

Die Informationspolitik der Organisation ist ein entscheidender Faktor für die Transparenz der bei der Veranstaltung initiierten Veränderung und somit für den Erfolg derselben. Jeder Fortschritt und jede Nachricht aus den Umsetzungsgruppen sollte organisationsweit kommuniziert werden. Dieses dient auch der Motivation und Einbindung der Personen, die während der Veranstaltung nicht anwesend waren. Eine zweite Veranstaltung führt die Arbeitsgruppen wieder zusammen, lässt neue entstehen, schafft Transparenz und dreht am »Motivationsmotor«.

Ein herzliches Dankeschön

Ich möchte mich bei allen Moderatorinnen und Moderatoren, die sich bei der Umfrage beteiligt haben, sehr herzlich bedanken:

Akademie für Natur und Umwelt des Landes Schleswig Holstein, Heike Rotermund und Bettina Watermann, Neumünster

Berater für Organisationen und Unternehmen, Dr. Walter Häcker, Winterbach

Beraterhaus Frankfurt, Peter Bauer, Frankfurt am Main

Beratung für ganzheitliches Management, Dr. Matthias zur Bonsen, Oberursel

Bernhard Berning Consulting, Bernhald Berning, Nürnberg

Berufsfortbildungswerk des DGB, Jürgen Reinardt, Saarbrücken

Büro für ungewöhnliche Zielerreichung, Ulrike Bergmann, München

Complex Change AG, Dr. Luzius Liebendörfer und Ralph Hoefliger, Bern/ Schweiz

Con.Cord.Consulting, Dr. Katrina Petri, Bernried

Das Starke Team Unternehmensberatung GmbH, Helene Prölß und Klaus Starke, Stuttgart

Deutsche Genossenschaftsbank AG, Sibylle C. Brock, Frankfurt am Main

Dialog Beratungsgesellschaft, Ralf Milgenstock, Bonn

Fachstelle Sonetz, Marianne Gerber, Bern/Schweiz

Geschäftsführung »Pastorale Entwicklung in der Diözese Passau«, Helmut A. Höfl, Burghausen

Gesellschaft für Personalentwicklung, Dr. Walter Kenn, Wien/Österreich

Heinle und Stadtler Organisationsentwicklung, Konrad Stadler, Geretsried/ Oberbayern

IHK-Akademie München.Westerham, Dr. Markus Weingärtner, München

Impetus Counsselling, Stefan Oldenburg, Hamburg

Integrierende Lösungen, Jörg Fingas, Tübingen

Internationale Congress Akademie, Roland E. Röttgen, Zwingenberg

Jens Hennings Organisationsberatung-Coaching, Jens Hennings, Hannover

Kirchenkreisprojekt Südtondern, Hans-Dieter Gesewsky und Christoph von Stritzky, Leck

Kommunikationslotsen für Markt und Gesellschaft, Holger Scholz, Much-Marienfeld

Konzept zur Unternehmenszukunft, Hans-Peter Thomsen, Hamburg

Koordinationsbüro des Runden Tisches zur nachhaltigen Entwicklung in Berlin und Brandenburg, Frank Baumann und Beate Günther, Berlin

Management- und Unternehmensentwicklungen, Hannes Hinnen, Regensberg/Schweiz

Munzel Beratung und Schulung, Marianne Munzel, Berlin

Netzwerk Diakonie e. V., Jürgen Dangel, Freiburg

NLP-Zukunftswerkstatt, Helene Neuhaus, Zürich/Schweiz

Norddeutsche Landesbank, Claus G. Riedel, Hannover

ÖSB-Unternehmensberatung GesmbH, Mag. Petra Radeschnig, Wien/Österreich

Plankom, Oliver Kuklinski, Hannover

Provadis, Beatrice Piltz, Frankfurt am Main

Pure, Iris Brünjes, Frankenfeld

Raiffeisenakademie, Markus Hauser, Thomas Leutgöb, Wien/Österreich

Supervision Schulung Organisationsberatung, Martin Pfrunder, Wädenswil/Schweiz

Susanne Müller, Zürich/Schweiz

Sys/Team, Dr. Andreas Reisner, Wiesbaden

The Global Village Consultans, Claus-Peter Leonhardt, Hanau-Großauheim

Train, Erich Kolenaty, Wien/Österreich

Train International GmbH, Mag. Bernd Weber, Wien/Österreich

Tricon, Christoph Beck, Berlin

Unternehmensberatung und Prozessbegleitung, Henriette Katharina Lingg, Karlsfeld

Vision-Beratung für Menschen und Organisationen, Ludwig Weitz, Bonn

VW-Coaching Consulting, Wolfgang Fieth, Wolfsburg

Bezugsquellen

Wenn Sie **Literatur** aus den USA bestellen möchten, können Sie das bei:

Berret-Koehler Publishers, Inc
450 Sansome Street, Suite 1200, San Francisco, CA 94111-3320
Tel. (415) 288-0260, Fax (415) 362-2512
www.bkconnection.com

Jossey-Bass Inc., Publishers
350 Sansome Street, San Francisco, CA 94104
Tel. (415) 433-1740, Fax (800) 605-2665

Abbott Publishing
7808 River Falls Drive, Pontomac, MD 20854
Tel. (301) 469-9269, Fax (301) 983-9314

Die **Software** zur Erfassung und Gewichtung der Protokolle erhalten Sie bei:

Aufbruch Organisationsberatung
Dipl.-Psych. Mario Jacobs
Rellinger Str. 23, D-20257 Hamburg
Tel. 040/ 850 80 285
Fax 040/ 850 80 290
E-Mail: mario.jacobs.@aufbruch.net

Bei Bedarf können Sie die gesamte **Computerausstattung** über diese Firma mieten. Oder bei der Firma:

TASC
Freeman Morgen
Tel. (001) 703-834-5000

Internetadressen

Großgruppenfreunde finden unter folgenden Adressen Hinweise über Literatur, zu Erfahrungsberichten über Veranstaltungen, Trainingstermine, Großgruppenmoderatoren, Videos etc.:

Open Space Institut
15347 SE 49th Place, Bellevue, WA 98006
E-Mail: osi@tmn.com
www.tmn.com/openspace
www.openspaceworld.org

Future Search Network
4333 Kelly Drive, Philadelphia, PA 19129
Tel. (215) 951-0300 oder 800-951-6333
Fax (610) 658-0991
E-Mail: fsn@futuresearch.net
www.futuresearch.net

Dannemiller Tyson Associates (Real Time Strategic Change)
303 Detroit Street, Suite 203, Ann Arbor, MI 48104-1143
Tel. (734) 662-1330
Fax (734) 662-2301
E-Mail: dtasvcs@aol.com
www.dannemillertyson.com

In Deutschland bietet Dr. Matthias zur Bonsen eine Reihe von interessanten Informationen zu Großgruppenverfahren auf seiner Homepage »Schneller Wandel mit großen Gruppen« www.zurbonsen.de.

Literaturverzeichnis

At Work, Stories of Tomorrows' Workplace, Systems Thinking in Action, Heft 4/4, Berrett-Koehler Publishers, San Francisco 1995

At Work, Stories of Tomorrows' Workplace, Open Space – A Simple Way of Being, Heft 6/2, Berrett-Koehler Publishers, San Francisco 1997

Baas, B., Schneller Wandel in großen Gruppen, in: wirtschaft & weiterbildung Heft 9/1999

Bunker, B. und Alban, B., Large Group Interventions, Engaging the Whole System for Rapid Change, Jossey-Bass Inc. Publishers, San Francisco 1997

Ebeling, I., Open Space Technology – Fragen und erste Antwortung, in: AGOGIG Heft 4/97

Herzog, I., Vom Flächenbrand des Wandels (Zukunftskonferenz), in: managerSeminare Heft 33/1999

Herzog, I., Menschen für Visionen gewinnen (Real Time Strategic Change), in: manager-Seminare Heft 34/1999

Herzog, I., Marktplatz der Ideen (Open Space), in: managerSeminare Heft 35/1999

Jacobs, R., Real Time Strategic Change, Berrett-Koehler Publishers, San Francisco 1997

Holman, P., und Devane, T., The Change Handbook, Group Methods for Shaping the Future, Berrett-Koehler Publishers, San Francisco 1999

Leith, M., The CLGI Guide to Creating Fastchange, CLGI, London, 1996

Leith, M., Open Space Technology – An Innovative Way to Manage Meetings and Conferences, in: Oganisations & People, 01.01.1994, S. 10–14

Maleh, C., Open Space, die etwas andere Konferenzmethode, in: Stiftung Mitarbeit Rundbrief Bürgerbeteiligung Heft 2/1998

Owen, H., Open Space Technology, A User's Guide, Berrett-Koehler Publishers, San Francisco 1997, 2. Auflage

Owen, H., The Millennium Organization, Abbott Publishing, Potomac USA 1994

Owen, H., Tales from Open Space, Abbott Publishing, Potomac USA 1995

Petri, K., Let's Meet in Open Space! Die Story von Kaffeepausen, Chaotischen Attraktoren und Organisationstransformation, in: Organisationsentwicklung, Heft 2/96, S. 56–65

Weisbord, M. und Janoff, S., Future Search, An Action Guide to Finding Common Ground in Organisations & Communities, Berrett-Koehler Publishers, San Francisco 1995

zur Bonsen, M., Führen mit Visionen, Der Weg zum ganzheitlichen Management, Gabler, Wiesbaden 1994

zur Bonsen, M., Energiequelle Zukunftskonferenz, in: Harvard Business Manager Heft 3/1994 *zur Bonsen, M.*, Simultanous Change – Schneller Wandel mit großen Gruppen, Sonderdruck aus: Organisationsentwicklung Heft 4/1995

zur Bonsen, M., Mit der Konferenzmethode Open Space zu neuen Ideen, in: Harvard Business Manager Heft 3/1998

zur Bonsen, M., und Lau-Villinger, D., Die Methode Open Space, in: Handbuch Personalentwicklung Heft 9/1999